中学生が綴る
労働とDV

語る・聴く・交流が生み出す
エンパワーメント

久木田 絹代

労働教育センター

はじめに

2018年3月に退職するまでのおよそ38年間、筆者は主に公立の中学校で国語の授業を担当してきた。国語科の目標は日本語を媒体として読解力や表現力、思考力を豊かにすることだといえるだろう。教室には多様な言語環境の中で暮らす子どもがいるが、実際の国語の授業はほとんど日本語だけで進められる。そのため「日本語」教育と呼ぶ方がより実態には合うようである。本書では国語の授業の中でも暮らしを綴る教育実践に焦点を当て、ジェンダーの視点から、その可能性について考えてみたい。

筆者はほぼ毎年、暮らしを綴る教育実践を国語の時間に続けてきた。退職を迎えたとき、これまで読んできたたくさんのすてきな文章や、綴っていたときの子どもの顔がいくつも浮かんできた。それをこのまま眠らせてしまうわけにはいかないと考えて大学院に通うことにした。

ここで取り上げる教育実践は、筆者が手探りの状態で、変更したり工夫を加えたりしながら行ってきたものである。やり方のまずさやしてしまった間違いのために、これまでにいったい何人の子どもを傷つけたことがあっただろう、決してうまくいったときばかりではないとふり返らざるをえない。けれども、子どもは綴れるということをどうしても伝えたかった。

暮らしを綴った文章の中でも、本書ではとりわけ、労働とドメスティック・バイオレンス（以下、DV）について綴った文章に焦点を当てる。労働を取り上げるのは、1、2年生では主に「身近な人の仕事と暮らしを取材して綴る」というテーマで実践したので、労働について綴った文章が7割を超えているからである。DVを取り上げるのは、実践を続けた30年の中で、毎年必ず、複数の子どもがDVについて綴っていたからである。2002年以降に3年生が綴った文章だけをみても、明確にDVが読み取れる作品は20を超える。

労働を取材するように指示すると、ほとんどの子どもは（母ではなく）父を取材しようとした。母の労働を綴ると、パートやアルバイトで働く母や、フルタイムで働きながら家事・育児のほとんどを担う母が綴られた。子どもが労働を取材して綴る文章からは、労働とジェンダーにかかわるさまざまな課題が浮かび上がる。筆者は「大変なのに頑張っている」と称賛して終わるのではない、社会の構造と結びつけて考えられるような実践を求めて模索した。

3年生では自分の「向き合うべきこと」をテーマに暮らしを綴ったが、そこでは毎回、子どもが表情をがらりと変える場面に出会った。子どもは、ただただ時間が過ぎるのを待っているように見えていたのに突然綴り始めたり、綴ってすぐ「さあ、読んで」と言わんばかりに文章を差し出してきたりした。DVについて綴った子どものほとんどはそんな姿を見せた。声も表情も変わっていく子どもたちに出会い、文章を読みながら、筆者は綴ることとエンパワーメントについても考えるようになった。

ところで、エンパワーメントは子どもだけでなく、筆者自身にも起こっていたようである。筆者は地方の小さな町の商家で生まれ、祖父や父は「旦那さん」として遇される一方で、店の仕事も、大所帯のための家事も育児も介護も、夜遅くまでかかってでもこなさなければならなかった祖母や母たちを見て育った。財産を所有し物事を決定し、将来を嘱望されるのは全て男だったが、借金を返す話になると女も頭数に入れられた。ジェンダーの視点と出会い、社会の構造と重ねながら自分の祖母や母たちの労働と暮らしをふり返ったことは、筆者自身が自尊感情を取り戻し、鍛えられ、希望を見出していくうえでのみちすじでもあった。1、2年生で労働と暮らしを綴り、3年生で自分にとっての「向き合うべきこと」を綴り、それらを教室で交流する実践に、筆者もまた、子どもたちからエネルギーをもらい続けてきた。

本書は、序章に続いて四つの章とまとめにあたる第5章で構成されている。第1章では、子どもが労働について綴った文章の中からジェンダーにかんする課題を探った。第2章では、第1章で取り上げた子どもの中で記述の仕方が典型的と考えられる3人に対して成人後にインタビューを行い、子どもの立場から教育実践が持つ意味を明らかにすることを試みた。第3章では、DVについて綴った文章から子どもが認識している問題点や困難を明らかにした。そして第4章では、現在安全な状況で暮らしていることが確認できた3人に対して成人後にインタビューを行い、それぞれのエンパワーメントの過程を追った。なお、これらの教育実践は、人権教育で「集団づくり」(詳しくは後述)と呼んでいる実践のひとつの事例でもある。第4章の実践は「進路公開」と呼ぶこともある。

本書に登場する人物は全て仮名である。また文章は本人から了解を得たものだけを引用している。読者のみなさんには、綴っているときの子どもの姿を想像しながら読んでいただけるとありがたい。

もくじ

序章

ジェンダー平等教育としての「綴る」教育実践の可能性

人権教育に学ぶ中で

暮らしを綴る教育実践には戦前からの長い歴史がある。研究・実践の両方で多く取り上げられてきた国分一太郎は、「綴る」は場面を具体的に描写し、批判的にふり返り分かるようになるという意味を「書く」よりも明確に持っていると定義する（国分 1977）。国分は生活綴方を国語科文章指導の中に位置づけ（田中 2008）、現実を抽象的でない、具体的な文章で表現させ、学級で読み合うことで視野の拡大や思考の深まり、子ども同士のつながりが生まれることを重視した（国分 1977）。学校で行われる人権教育[1]は、「しんどい子・課題をもつ子」が暮らしの中にある差別をみつめ、子ども同士がつながり、社会のありようにも関心を持つようになることを目指している（集団づくり[2]）。暮らしを綴る教育実践はその中心に位置しているといえるだろう。

1988年の春、「何か書かせたいんですけど」と、筆者は一人の先輩の先生に尋ねた。するとその先生は、構想表などの一組のプリントと『年刊日本児童生徒文詩集[3]』を一冊渡してくださった。自分には足りないところもあるだろうがとにかくやろうと決めて、それから退職するまで暮らしを綴る教育実践を続けた。文章を読むのはおもしろい。今となっては、綴っていた内容とそのときの子どもの顔の方が先に浮かび、名前が後で浮かんでくることもある。

本書で取り上げるのは、筆者自身が学習指導要領に準じながら、人権教育に学んで実践した中で生まれた文章と事例である。子どもへの呼びかけ方は学年によって多少異なるし、学年集団の実態に合わせて少し変えたこともあるが、綴り方の基本はいずれも同じである。

身近な人の労働と暮らしを綴る

1年生または2年生では「身近な人の仕事と暮らしを取材して綴ろう」と子どもに呼びかけた。授業では子どもにとってより身近な「仕事」という表現を使った。取材している間に他の学習を進めておくなどの工夫をしながら、導入から仕上げまでにはおよそ10時間を使った。

入学してきたときすでに「作文」を苦手と思っている子どもは少なくない。「うまく綴ろうと思わなくていいよ」と話してスタートする。

はじめの読み物教材（参考作品）には『年刊日本児童生徒文詩集』『親のしごとと人権学習』[4]などの中から二つか三つの作品を読んだが、最も多く読んだのは「母の仕事」（『きずな』[5]所収）である。取材する相手を決めるときは「仕事をやめたとか、変えたとか、今は働いていないとか、一見順調に見えないときこそ取材する値打ちがあると思うよ」と話した。2002年以降は、参考作品を読みながら、家事・育児・介護などの不払い労働（アンペイドワーク）もまた労働だということを学んだ。

取材のやり方について学習したら取材期間は長めにとる。構成は〈はじめ〉〈中〉〈終わり〉で組み立て、基本的には取材して分かったことを時系列にしたがって〈中〉に並べる。記述のとりかかりとなる〈はじめ〉には難しさを感じる子どもが多いので、例えば人物紹介からはじめるなどいくつかのパターンを示しておき、困ったときはどれかを選べばいいと伝えた。記述の作業に入ったら「知られたくないことは綴らなくてもいいよ。でも、自分は知っておこう」「自分のために綴ろう」などと声をかけた。筆者を例に、まるでそこで構成を組み立てているかのように、あるいは綴っているかのように話して方法を伝えた。

提出されたら夏休みなどを使ってじっくりと読む。その中から1クラスあたり1、2点を選んで子どもと話す。今の気持ちを聞かせてもらった後、筆者からは文章の良いところを伝えて、教室で発表してほしいとお願いをする。描かれている人物からも了解が得られたら、授業で、本人が読んで発表する。

幸さん（仮名）は母方の祖父母と母、妹との5人暮らしだったが、次のように綴ってきた。幸さんと妹は「大好きな母」（幸、2013年作品）のことを、親しみを込めて「よしちゃん」と呼んでいる。


（よしちゃんの仕事とは？）　中2　幸（さち）

よしちゃんの仕事は、郵便局での小包のしわけです。…今の仕事についたきっかけは、短期アルバイトではいったからだそうです。ちなみに、深夜キンムです。仕事時間は午後6時30分から午前5時15分ぐらいまで働いています。…よしちゃんは仕事から帰ってきて、私と妹を起こすまで休んでいます。それで7時前になったら私と妹を起こして、パンをやきます。私と妹が学校に行ったら、よしちゃんはねてます。…仕事でのケガは、足の親指の骨を折ったりしました。…私はよしちゃんが骨を折った時、「大丈夫かな？」って思いました。だって足ケガしていても、仕事に行くんですよ。ありえません。私は、あまりよしちゃんと会話するきかいがありません。（2013年作品、一部抜粋。…は中略を表す、以下同じ）

筆者は前もって幸さんに「お母さんが深夜勤務に変えた理由を、もう一度尋ねてみてくれるかな」と頼んでおいた。

授業ではまず、良いところ、もっと知りたいところについて考える。たいていはグループごとに発表するが、どちらについても意見は次々と出る。そのあと筆者は「お母さんはなぜ、深夜に働くことを選んだのだろう」と教室で問いかけた。スムーズには意見は出てこない。やがて幸さんが立ち上がり「深夜の方がお金がたくさんもらえるのと、昼間は学校のこととか、子どもたちのためにいろいろできるからだそうです」と発表した。筆者は労働基準法37条（時間外、休日及び深夜の割増賃金）と賃金指数（賃金総額、男性100に対し女性36・6）[6]を書いた紙を前に貼る。母が深夜に働くのは、子育てをしながら生活に必要な収入を少しでも多く得るためである。子どもとゆっくり話す時間がとれないのは、決して母のせいではない。教室では母の「頑張り」が共有されるだけでなく、目の前にいる子どもの暮らしを通して社会の仕組みについて考えることになる。

子どもが綴った文章からはこのように、労働とジェンダーにかかわるさまざまな課題を読み取ることができる。労働基準法・賃金指数・生涯賃金のグラフ・海外の状況を示す資料などの中からそれぞれの文章に関連が深いと思われる資料を示し、さらに意見を交流する。子どもたちはそこで、同じ教室にいる子どもの暮らしを通して、性別役割分業をはじめ、さまざまなジェンダー・バイアスについても考える。

自分にとって向き合うべきこと

3年生では「これまでの暮らしをふり返り、自分にとって一番意味のあること、向き合うべきことを綴ろう」というテーマで呼びかけた。

授業のはじめに、筆者はまず自分にとっての「向き合うべきこと」を話した。その教室の中にいる、おそらくしんどさを抱えているであろう子どものことを思い浮かべながら、話すことを決めた。筆者が子どもだった頃の「順調」とはいえなかった出来事や、性差別をなくしたいと思うきっかけになった出来事などを話した。

参考作品は『年刊日本児童生徒文詩集』などの中から選んでいたが、やがて手元にある過去の作品の中から選ぶことが多くなった。読む前には本人に連絡をとり、承諾をもらった。

次はいよいよ、子どもが自分のテーマを決める番である。まず、誰を対象にして綴るかを決める。そうすることで、現実の暮らしをふまえて綴ることがより容易になる。説明が終わったら、教室を回って一人ひとりと話したり、何人かで一緒に話したりした。「ここにエネルギーの8割ぐらいは使うかもね」「大嫌いに思える人や、いてほしいのに側にいない人を選ぶのもいいね」などと声をかけた。テーマを決めるのは誰にとっても簡単ではないだろう。迷っているのにも何か理由があるはずだ。急《せ》かさないで待つことは基本である。その一方で筆者は、1年生や2年生のとき綴らなかった子どもに「中学校で綴るのはこれが最後、もうそろそろ、いいかな?」と声をかけることもあった。

構成と記述について説明をするときは、筆者は自分の「向き合うべきこと」をテーマにしながら子どもの前で構成を組み立ててみせ、その場で記述しているかのように（ただし簡潔に）話した。一人の方がやりやすければ家で進めてもよいが、綴るための時間は必ず授業で保障した。別の学習を間に入れるなどして時間をやりくりし、期限をなるべく先に設定して提出を待った。

文章が提出されたら、まるごと受けとめる以外教員にできることはあまりない。筆者の場合は読んだらなるべく早く「読んだよ」と伝え、少しでも話をするようにした。廊下などで会ったとき話すこともよくあった。他の人にも読んでもらいたいときは、必ず本人の許可を得る。担任の先生にも読んでもらっていいかどうかを尋ねて、「イエス」だったら担任に手渡す。第3章で述べるように、これらの文章は、この後行われる総合的な学習の時間（以下、総合）での実践（進路公開）につながっていく。子どもが「ノー」と言ったらゆっくり話してみる。子どもの「ノー」は必ず守る。

子どもが「向き合うべきこと」として選んだ中で、最も多かったのは「労働」である。続いて「進路にかんすること」「虐待・暴力」「両親の離婚」「ひとり親（ほとんどは母）との暮らし」などを選んでいた（第3章参照）。どれもジェンダーと深くかかわるテーマといえるだろう。

3年生のとき筆者が担任した潤さん（仮名）は、母と兄と3人で暮らしていた。入学以来、授業中は机に突っ伏していることが多く、3年生の秋を迎えた今、潤さんの進路は教員には頭の痛い問題だった。授業では筆者が自分の「向き合うべきこと」を話し終え、参考作品「親と子の関わり」(7)を読み終えた。そのとき潤さんは「ああ、じゃあ、おれはこれだ」とつぶやいた。そして、構成を書きこむはずの紙に細かな文字でびっしりと綴りはじめた。

（無題）　中3　潤（じゅん）

　ぼくのお父さんとお母さんは離婚しました。…そして、ぼくたちは、お父さんに引き取られました。…ぼくがよく覚えているのは、毎日家に入れなかったことです。このマンションは、係員か家の人が開けないと入れないので、いつも学校から帰ってお兄ちゃんとランドセルを入り口に置いて遊びに行ってました。時々夜9時ぐらいまで開かないこともありました。どうしてかは、ほぼ毎日、お父さんとおばあちゃんはパチンコばかり行っていて、開く時はまじめに働いているおじいちゃんが帰ってきた時だけです。…学校の休みはほとんどお父さんにパチンコにつれていかれました。ぼくたちは、お父さんの所に行って「帰ろう」と言います。でもいつもお父さんは「うるさいあっちで待っとけ」と言います。しょうがないので待っとくと夜おそくまでなって店内で寝ることもあります。やっと帰れると思ったら次は違うパチンコ店に行ったりしました。…たまにお母さんがぼくたちを迎えに来て遊びに連れて行ってくれます。…ぼくが小学校3年生の一学期のことでした。またお母さんの所に行って帰ってみるともう夜の11時すぎなのに、マンションのドアが開かないので待っていると、帰ろうとしたお母さんが心配してきました。その時はとても寒かったので、お母さんが怒ってぼくたちをつれて帰りました。…次の日、お母さんがマンションに電話をしてみると、おばあちゃんが出て、「私たちは、子どもを育てるの疲れたけんアンタが育てて」と言いました。それから、ぼくたちは、お母さんの所に住むことになりました。（2005年作品、一部抜粋）

離婚に際して父は子どもを引き取ったが、自分の娯楽の方が優先で子どもを気遣うようすはない。父にとって、家事・育児は「女がすること」でしかないようである。

筆者は潤さんの了解を得て、他の先生たちにも読んでもらった。そのため教員は、潤さんが以前ネグレクトに遭っていたという事情についてはおおよそ理解しただろう。しかし、教員が固定的な性別役割意識についてさらに踏み込んで考えることはほとんどない。たいていは、父の対応はまあちょっとひどいけどそれはよくあることだ、やっぱり子どもには母親（女）がいないとかわいそうだ、で終わってしまう。潤さんの場合もそうだった。

筆者は潤さんの家で母と話したことがあった。「暴力があったですもんね、ひどかった。子どもにも手を出すようになって…。（私には）お金がなかったですもん。おばあちゃんが見てやるて言わしたけん、子どもたちが貧乏するよりよかろうと思ったけど…。もう、連れて帰りました」。離婚当時、母は子どもを引き取るのをあきらめなければならなかった。固定的な性別役割意識は母と父の間の経済的な格差を広げ、父に育児を放棄させた。潤さんが綴った暮らしの背景には固定的な性別役割意識に基づく子どもへの暴力があり、それは母から聞いたジェンダーに基づく暴力（ＤＶ）とぴったり重なった。

暮らしを綴る教育実践では、綴られた文章を読むのはまず教員である。しかしながら、教員がジェンダーに敏感でないために子どもへの理解が深まらない事例は、往々にしてある。子どもが綴った暮らしの中にあるジェンダーの課題は、見ようとしなければ見えないままで終わる。何やら問題がありそうだと気づいた場合でも、対処できないことも多い。

授業では「綴り終わったら、クラスにいる人の中で2人か3人に読んでもらって、コメントをもらってください」「誰に読んでもらうかは自分で決めてください」と指示する。隣に座っていた孝さん（仮名）は、潤さんのただならぬようすが気になってしかたなかったようである。お互いの文章を読みながら二人はとても楽しそうだった。孝さんはその後、優しくはあるがときに厳しく、潤さんの学習を支え続けた。やがて潤さんは希望する高校へ進学していった。その13年後、電話で話していた折に文章のコピーを送ろうかと筆者から申し出たら「何を書いたか覚えてるから大丈夫です。あのときのことは特別だから」と潤さんは言った。

暮らしを綴る教育実践は、社会を見る目を豊かにする

私たちは生まれたそのとき（あるいは生まれる前）から、女、あるいは男として育てられ、性別役割意識や固定的な「らしさ」など、さまざまなジェンダー・バイアスがある中で暮らしている。暮らしを綴ればそこには、楽しいけれども経済的には余裕のない母と子の暮らし、家事や子育てから切り離されて育った父との暮らし、ジェンダーに起因する暴力等々、さまざまな課題が表れる。読む側にジェンダーの視点がなかったり、その必要性を十分に認識していなかったりしたために、これまで、それらの課題は気づかれないで「スルー」されるか、気づいても放置されてきたのではないだろうか。

筆者はやがて、自分が担当する教室に、日本語が得意でない子どもたちがいることも意識するよう

になった。例えば、第二言語としての日本語(8)を獲得するための手立てがもっと広がれば、暮らしを綴る教育実践はさらに進めやすくなるだろう。

暮らしを綴る教育実践は、現実をとらえて生き生きと表現し、社会を見る目を豊かにする。ジェンダーの視点がそこに加われば、国語（日本語）教育の可能性はさらに豊かに広がるだろう。

【注】

（1）学校で従来、同和教育あるいは解放教育と呼ばれてきた教育実践のこと。国際的な動きをふまえ、同和教育あるいは解放教育を含む概念として、本書では人権教育という言葉を用いる。

（2）暮らしを綴る教育実践を中心にした集団づくりについては、各年の『全国人権・同和教育研究大会報告・資料集』（全国人権教育研究協議会）、『全国教育研究集会報告集』（日教組）などに毎回報告がある。後者については『日本の教育』（各年発行）を参照されたい。

（3）日本作文の会編、各年発行、百合出版

（4）『同和教育実践の記録1　親のしごとと人権学習』1986年、解放出版社

（5）『きずな』は、熊本県人権教育研究協議会（熊本県人教）が熊本県内の小・中・高校生向けに編集した教材集。「母の仕事」は、熊本県人教からの依頼を受けて熊本県教職員組合「女子教育」もんだい研究会が作成した。子どもが綴った文章をもとにしている。

（6）出典：平成24年2月『男女共同参画会議　基本問題・影響調査専門調査会　報告書』52頁

（7）「親と子の関わり」2002年生徒作品、巻末参考資料1

（8）母語の獲得を保障しながら、「第二言語」として日本語を学ぶこと。

第1章

中学生は労働をどのように綴ったか

中学生には、身近な人たちのどんな労働が見えているのだろうか。またその労働は、子どもにどのように見えているのだろうか。

２０００年の実践では、子どもたちは国語の時間に文章を綴り、総合の時間にそれぞれのクラスで担任に見守られながら発表した。１９９８年の教育課程審議会答申を受けて新設された総合は、子どもの主体的な学びを重視し、テーマや内容、具体的な実施方法は学校に委ねられた。２０００年に行った実践は、その中で教職員が前年度から話し合いを重ね、「労働」というテーマに正面から向き合い、協力してとりくんだものである。

1　アンペイドワークとペイドワーク

労働には賃金が支払われないアンペイドワーク（unpaid work　無償労働）と支払われるペイドワーク（paid work　有償労働）がある。この二つの労働は、誰に、どのように担われているのだろうか。現状では女性と男性の間にさまざまな違いがあるので、ここでは性別を配慮して考えていく。

日本では、竹中恵美子らがこの二つの労働に注目して議論を展開してきた。竹中は、１９８１年から１９９１年にかけてアンペイドワークは女性が90％、男性が10％を担っていてその数字は10年間ほとんど変わらなかったこと、１９９１年はバブル崩壊の影響を受けて時間外労働が減り男性がペイドワークに従事する時間が減ったが、その分の時間はアンペイドワークには回されず男性の自由時間が増えたことなどを明らかにした（竹中　２００４）。ペイドワークでは１９６０年代頃から、「主婦」がパートになるのを見込んだ形で、パートやアルバイトなどの非正規雇用の制度化が進められた。アンペイドワークを多く担っていることを理由に、女性は賃金の安い、雇用の調整弁として「便利」な「二流の労働者」として労働市場に組み込まれた（竹中　２０１１、大沢　２０１１、伊田　２０１５ほか）。[1]

この二つの労働と学校教育との関係について、木村涼子は次のように説明する。

近代的な性分業と性差別を組み込んだ資本制は、モノの生産の場における労働と労働力の再生産の場における労働を、それぞれ男性と女性にふりわけるとともに、労働力の再生産の場を私的な領域と位置づけることによって家庭内での労働を女性に無償で担わせる。また、女性労働者を「本来家事労働を担うべき存在」と定義づけ、「不自由な賃労働者」として処遇し、低賃金かつ不安定雇用といった劣悪な条件を受け入れさせる。資本は、「女性は家庭、男性は仕事」という性分業を組み込みつつも、労働市場から女性を完全に排除するのではなく、「二流」の労働力として活用する要求をもっているのである。…学校教育は、男女を均質化すると同時に差異化するという、矛盾する二つの原則を基盤として労働力および社会関係を再生産する機能を求められているのである。（『学校文化とジェンダー』木村涼子　１９９９、40－41頁）

学校は「女は家庭、男は仕事」に代表される性分業を教え、女性がアンペイドワークを担うことを肯定して伝える。さらに学校は、安価で「便利」な労働力として女性を家庭から部分的に引き出し、ペイドワークに従事させるという経済システムを支える役割を果たしているのである（木村涼　1999）。

表1-1　共働き世帯　労働時間の比較（週全体、1日当たりの平均）

	女性	男性
アンペイドワークに費やす時間	4時間48分	1時間15分
ペイドワークに費やす時間	4時間40分	7時間37分
労働時間の合計	9時間28分	8時間52分

「令和3年社会生活基本調査結果」（総務省統計局）より筆者作成

では現在、この二つの労働はどのように担われているのだろうか。2021年の数字をみると、共働き世帯ではアンペイドワークの79・3％は女性が、20・7％は男性が担っている（表1－1）。女性はペイドワークをこなしながら同時に、日々のアンペイドワークの約8割を担っているのである（二重の労働）。一方でペイドワークに就く女性の割合（就業率）は71・3％（15～64歳、男性は83・9％）である。[2] 同年の雇用労働者数（役員を除く）は女性が2635万人（雇用労働者全体の46・8％）、男性が2994万人（同53・2％）で、女性と男性の間にそれほど大きな違いはない。しかしその一方で、非正規雇用では違いがある。男性の場合は約2割（652万人、男性雇用労働者の中の21・8％）が非正規雇用で働いているのに対して、女性の場合は過半数（1413万人、女性雇用労働者の中の53・6％）が非正規雇用で働いている。[3] 現在もなお、女性はアンペイドワークの多くを担っており、それを理由に「二流の労働者」として扱われているとみることができる。

このように、アンペイドワークとペイドワークに注目すると、労働とジェンダーにかんするいくつかの課題が浮かび上がってくる。では、中学生という時期の子どもたちに、この二つの労働はいったいどのように見えているのだろうか。

2 「綴る」こととジェンダー

子どもの文章を読む前に、これまでの研究で明らかになっていることを概観しておこう。

まずジェンダーと教育研究の流れを概観する。学校は、日本近代化の過程で生まれた良妻賢母思想を具体的には「男は仕事、女は家庭」という領域の分担として教えてきた。戦後はこれに対して学校現場から疑問があがり、教育内容の洗い直しが進められた（奥山 1993、上田 2003、笹原 2003）。教科書には「母親は家事労働、父親は社会的労働という設定が多い」（日景ほか 2001、156-157頁）こと、小学校の外国語活動の教材では「各社一貫して家事労働をしている母親の描写が多く」「特にエプロン姿の女性の描写が多い」（渡部 2015、22頁）ことなど、教科書や教材にみられるジェンダー・バイアスも明らかにされてきた。

学校内部についての実証的な研究も行われた。子どもたちは男子優先の慣習[4]や学校内の役割を性別特性と関連させて認識しており（木村涼 1999）、小学校低学年から高学年に上がるにつれて女子の沈黙・周辺化、男女の差異の強調が行われていくこと（木村育 2004）、中学校の教室にはジェンダー・コードが強固に存在し、生徒たち自身がコードによる行為解釈を通してジェンダー秩序を維持していること（上床２０１１）など、これまでに多くのことが明らかになっている。

続いて「綴る」ことについての研究を概観する。暮らしを綴る実践や研究は、戦前は芦田恵之助、鈴木三重吉の『赤い鳥』、北方教育運動が、戦後は日本綴方の会（改称後日本作文の会）が牽引してきた。生活綴方運動を牽引した国分一太郎は、綴ることの意味を次のように説明する。[5]

現実の事物がもつ意味、その存在・姿・状態・性質・うごき、それぞれの関係などを、学年段階と子どもの個性に応じて、生き生きと、こまかくとらえさせることによって、現実や生活そのものについての認識（これには、子どもたちの情動もともない、また不合理・矛盾などについての批判もはいる）をひろげ、ふかめるのである。…しかもそれを抽象的でない、具体的な文章によって表現させるのである。（「生活綴方と集団主義」国分一太郎 １９７７、54-55頁）

暮らしの中にある「現実の事物」、つまり身近な人の姿や状態や動き、またそれぞれの関係などを、「生き生きと、こまかく」「具体的な文章」で表現することで、子どもは自分の暮らしについての認識を広げ、深めていくのである。当然ながらそこには、暮らしの中にある不合理や矛盾に気づくという意味も含まれる。

このようにして、綴る教育実践は、日常の中にある課題を子どもの眼前に差し出してみせる。例えば暮らしを綴り読み合うことで、子どもたちは「家庭」の中にあるジェンダー・バイアスにも目を向けることができるだろう。またおそらくは、ジェンダー・バイアスの再生産を続ける学校についても問い直すことができるだろう。

この章では、子どもが労働と暮らしを取材して綴った文章をジェンダーの視点で読む。文章を読み取る作業を通して、子どもが二つの労働をどのように認識し、どんな意味づけをしているのかを探る。文章が形成されていく過程にはさまざまな要因がかかわっているが、同じ時期に同じ授業を受けた1クラス分の子どもの文章に着目し、ここではその複雑な過程から実践の教育的効果を抽出することを目指すのではなく、中学生期のある時点での子どもの認識を表すものとして、子どもによる文章の言説分析を行う。分析対象にするのは、X町の中学校1年生が2000年に綴った文章である。

3 アンペイドワークの記述と労働の意味づけに注目して

X町は農村地帯にあり工業団地を有している。筆者は1年A組37人を担任し5クラス中4クラスの国語を受け持った。国語では「一緒に暮らしている人の誰か一人に対象をしぼり、仕事と暮らしを取材して綴る」をテーマに、〔書く1　分かりやすく書こう〕と〔わたしの国語学習　身近な題材で書こう〕の単元で進めた（『新しい国語1』東京書籍）。当時X中学校では、総合は「平和」「人間」の二領域で、3年間をつないで行っていたが、この実践は「人間」の中の「進路をみつめる」で実施した。「人間」は3年生では進路公開（詳しくは第3章、第4章を参照）につながっている。表1－2は実践全体

表1-2　実践の経緯

	国　語			総合的な学習の時間	
	テーマ 身近な人・親の仕事と暮らしを綴る **ねらい** 身近な題材を選び、情報を集め、伝えたいことを分かりやすく書く			**テーマ** 生きること・働くこと **ねらい** X町に住む人々の「仕事」を探検し、進路について考える	
月	教科書の単元/内容	学習内容	時間(50分)	活動内容	時間(50分)
6	分かりやすく書こう ●時間の経過にしたがって書く ●情報を整理する 身近な題材で書こう ●題材を選ぶ ●材料を集め構成する ●推敲する ●互いに読み合う	題材を選ぶ ●参考作品（3作品）を読む ●取材の仕方が分かる	3	取材計画を立てる 取材をする（2週間以上の期間を取る）	1
7		構想表を書く 下書きをする	3		
9		推敲する ●1人の作品をみんなで読む ●お互いに読む	2		
		作品を綴る	2		
10〜1				学級で文章を読み合う	12
2〜3				職場体験を前に、X町のさまざまな職業について調べる	3
			合計10		合計16

の経緯である。

導入では家族の労働を綴った参考作品（過去の生徒作品）3点を読み、その後身近な人・親への取材をしてくるように指示した。「自分の暮らしを支えてくれている人を取材してください」「取材は一人に絞ります」「家でのようすも綴ってごらん」と伝え、「構成（はじめ、中、終わり）の（終わり）には分かったことや考えたことを綴ります」などのアドバイスをした。取材後は下書きを行い、9月はその中から一人（男子u）の文章を読んで良いところを話し合ったり、お互いに読み合ったりして推敲し、その後原稿用紙に清書した。分析するのは、このようにして生まれた36人の作品とuの下書き、合計37人の文章である。[6]

文章を繰り返し読む中で、分析の二つの軸が浮かび上がってきた。第一の軸は、アンペイドワークとペイドワークのとらえ方についてである。アンペイドワークでは記述されているところに実線を引き、子どもの表現で内容と登場回数を数えた。例えば「（お母さんは）朝5時半に起きてみんなの朝ごはんをつくってお姉ちゃんの弁当をつくったりしています」（カッコ内の補足は筆者）では、母のアンペイドワーク「朝ごはんをつくる」と「弁当をつくる」を1回ずつ数える。ペイドワークでは、取材しているペイドワークを取り出した。例えば「お父さんは建築関係の仕事をしています」では、父のペイドワークは「建築関係」である。

第二の軸は、労働にどのような意味づけをしているかについてである。意味づけのある箇所に波線を引き数え上げる作業を通じて、意味づけを感謝・尊敬、共感・心配、不満・否定という三つのカテゴリーに分類した。例えば「してくれてうれしい」「すごい」などの表現や前後からそう読み取れる場合は感謝・尊敬カテゴリー、「確かにそうだ」「大変だ」「心配だ」などの共感または心配は共感・心配カテゴリー、「不満だ」「こっちも大変だ」「それはよくない」など不満を感じていたり否定したりしている場合は不満・否定のカテゴリーで取り出す。一か所に複数の意味づけをしていたり、同じ内容を繰り返したりしていたので、実数は把握しながらも、内容ごとの綴った人数「のべ人数」と、繰り返しも含めた「のべ登場回数」を設定した。職場の特定を避けるための記号化以外は、全て原文どおりである。分析は取材対象が母か父かと、綴った子どもの当時の性自認（ただし推測）[7]とに分けて行った。子どもにとって祖母は母と、祖父は父と近い関係にあったので、祖母は母に、祖父は父に含めて数量化した。大文字のアルファベットは女子を小文字は男子を表している。[8]

4　中学生はどんな仕事を取材したか

取材の中心はペイドワーク

取材対象に選んだのは父26人、母9人、祖母1人、祖父1人である。それ以外を選んだ子どもはいなかった。当時の記録では専業主婦の母が5人いたが、取材は受けていない。2人が母とのひとり親家庭だった。

子どもが選んだ取材対象

父	26（女子10　男子16）人	母	9（女子5　男子4）人
祖母	1（女子1　男子0）人	祖父	1（女子0　男子1）人

取材対象などの概要をまとめたのが表1-3である。取材の中心には37人全員がペイドワークを選んでいた。

アンペイドワークを「仕事」と認識していたのは3人

アンペイドワークは16人に登場する（表1－3）。その中でアンペイドワークを明確に「仕事」と認識していたのは3人である。3人には例えば次のような表現がある。

A　お母さんの仕事は、せんたく、料理、そうじ、まとめると、家事です。あとは、ガソリンスタンドと内職です。（実線は筆者）

ペイドワークを中心に取材しながらも、16人はなぜアンペイドワークを綴ったのだろうか。二つの要因が推測できる。一つには、テーマが「暮らしを綴る」だからだろう。子どもは折々にテーマを確かめながら綴っている。二つには、綴ることにかんする指導という要因が考えられる。子どもは取材したことをもとに一つひとつ、場面を思い浮かべながら綴るように指示を受けている。日常の場面を思い浮かべた結果、生活実態としてアンペイドワークが拾い出されることになったのだろう。

対照的な二つの作品

表1－3で分かるように、最も多いのは父のペイドワークを選びアンペイドワークを登場させなかった文章、最も少ないのは母のペイドワークを選びアンペイドワークを登場させた文章である。前者の典型として女子Cの文章を、後者の典型として男子nの文章を、長くはなるが全文を引用する。

表1-3　取材対象・「仕事」として取り上げているもの・アンペイドワークの記述の有無

女子　16人								男子　21人							
子ども	取材対象	「仕事」として取り上げているもの				アンペイドワークの記述の有無		子ども	取材対象	「仕事」として取り上げているもの				アンペイドワークの記述の有無	
		アンペイドワーク		ペイドワーク						アンペイドワーク		ペイドワーク			
		母（祖母）	父（祖父）	母（祖母）	父（祖父）	母（祖母）	父（祖父）			母（祖母）	父（祖父）	母（祖母）	父（祖父）	母（祖母）	父（祖父）
A	母	○		○		○		h	母			○			
B	母			○		○		n	母	(○)		○		○	
H	母			○		○	○	o	母			○			
I	祖母	○		○		○		q	母			○			
K	母			○		○		a	父				○	○	
M	母	○		○		○		b	父				○		
C	父				○			c	父				○		○
D	父				○			d	父				○		
E	父				○		○	e	父				○		○
F	父				○			f	父				○		
G	父				○			g	父				○		
J	父				○		○	i	祖父				○		
L	父				○			j	父				○		
N	父				○			k	父				○		
O	父				○			l	父				○		○
P	父				○			m	父				○		
								p	父				○		
								r	父				○	○	
								s	父				○	○	
								t	父				○		
								u	父				○	○	
合計人数		3	0	6	10	6	3	合計人数		(1)	0	4	17	5	3

注）nはアンペイドワークを明確に仕事とは表現していないが、「家の仕事」という表現がある

無題　C（女子）

C　私のお父さんは店で売る肉を切ったりする仕事をしています。／店の裏にある小さい工場で肉をちょうどよい大きさに切ったりしています。／お父さんが仕事する曜日は、月曜日〜金曜日までで土曜日と日曜日は休みだそうです。時間は、少し前まではAM7時30分からPM4時くらいに家の方に帰ってきてたけど、今は、AMの5時からはいたつに行って、前よりいそがしくなったみたいです。／そしてお父さんは、お正月とかおぼんの時とかがいちばん売れるそうです。／でもお父さんは、あまり売れなかったりした日は、気げんがよくなさそうです。だからそんな感じの時は、あまり話したりしません。でもお正月の時が一ばん売れてうれしそうにしている時なんか自分もうれしくなります。／時々お父さんの仕事場をのぞくと、とても大変そうにしています。特に夏は暑いからとてもきつそうです。けどお父さんの表情を見ると一しょうけんめいがんばっている様子がわかります。／そんなお父さんが休みの日は1日じゅうと言っていいほどパソコンをしています。それかつかれがたまってかねています。けどお父さんが1ばん楽しみなのは休みの日に魚つりに泊まりがけで行くこととみたいです。けど子どもたちとはいかず自分の友達と行っています。／はっきり言って私は全ぜんつりとかきょうみないから、行きたいなど思いません。それで楽しみにしてた魚釣りに行くのは別にいいけど魚釣りすら帰ってきて全ぜん釣れてないとあまりきげんもよくないし少し暗いので話しにくいカンジです。あとお父さんはたまに仕事がおわったらいざかやさんにおさけをのみに少しよって家に帰ってきたりするけど、のんだ次の日は、とても頭がいたそうだけど、ちゃんとはやくおきていつものように5時から（朝の）はいたつに行っています。そんなことは、あたりまえだとおもうけど自分ではそれがすごいとゆう思いもあります。／父は、この仕事でこうかいしたことはないそうです。／父は、みんなのためにたくさん働いて、毎月ちょきんをして行くためにがんばっているそうです。／私も大人になったら自分の仕事をいっしょうけんめいがんばれるようになりたいし、親子ゲンカとかよくするけどふつうにかぞくにかんしゃしてます。（全文。カッコ内の補足はC、波線は筆者、／は段落の変わり目を表す、以下同じ）

Cは精肉店を営む父を取材した。「大変そう」だが「表情を見ると一しょうけんめいがんばっている様子がわか」る、父を見習って「私も大人になったら」「いっしょうけんめいがんばれるようになりたい」と感謝し尊敬している。仕事の大変さが綴られることで感謝や尊敬は強調される。Cの文章からは父のペイドワークにたいする感謝や尊敬が読み取れる。

「母の仕事」　n（男子）

n　僕のおかあさんの仕事は、◇◇という製品を作っている。◇◇と言うのは、テレビやパソコンなど（に）入っている集積回路である。／お母さんの職場は、二交代なので昼に帰ってくるときは、朝5時から、昼2時に終わる。夜に帰って来るときは、昼1時から、夜10時まである。仕事場について、仕事をする前に、エアシャワーをして、手を洗って仕事をする。／仕事の内容は、ウエーハという製品を細く切って、製品を作っている。お母さんの担当の職場は、細く切った、アイシーチップを、パッケージにつけ、それをきんせんではいせんする。それを検査して、ふたをかぶせる。その後また、検査する。製品の、裏に番号をうってそれを、さらに検査をして、良品と、不良品の（中に混じっている）良品だけを、箱につめて、出荷する。／休みは、土、日だけしかない。でも時々平日でも、休みの日がある。／お母さんが帰ってくる時は、車のエンジン音でわかる。遅番の時は、フロに入って寝るし、早ばんの時は、そうじをしてひまがあったら少し昼寝をする。早番の時はお母さんがご飯を作るけど、遅番の時は、ばあちゃんが作る。／休みの日はだいたい、7時くらいまで寝て、それから、朝ご飯を作って、洗たく、そうじなどをしていたら、12時ぐらいになるので昼ご飯を作る。テレビを1時間ぐらい見て、1、2時間寝る。それから洗たく物をたたんで、6時ぐらいになったら、夕ご飯を食べて、食っきを洗って、7時ぐらいになったら、風呂に入る。それから11時くらいになったら寝る。／仕事でくろうしていることは、お母さんは、目が悪いので細い物を作る作業が大へんだそうです。あと、家でくろうしていることは、家の仕事も、あるので大へんだそうです。仕事が終わると、手がいたくなるそうです。／この作文を書いての感想は、あまり家にいなかったのでしゅざいができなかったけど、いい作文ができてよかったです。（全文。カッコ内の補足、実線・波線は筆者）

nはIC工場で働く母を取材した。明確に「仕事」とみる表現はないが男子ではnだけがアンペイドワークを細かく綴っている。休日母は「朝ご飯を作」り「洗たく」「そうじなど」をし「昼ご飯を作」り、夕方は「洗たく物をたたんで」夕食後は「食っきを洗」う。「家でくろうしていることは、家の仕事も、あるので大へんだそうです」と、二つの仕事が連続していて負担が大きいことをnは心配している。

以上典型例をみたが、続いて次の節では二つの労働を子どもがどのように綴るのか、全体の傾向や特徴を明らかにする。

5　女子と男子で異なるアンペイドワークの認識

どんなアンペイドワークを綴っているか

子どもはどんなアンペイドワークを認識しているのだろうか。女子は8人がのべ54回、男子も8人がのべ24回登場させる。女子は男子より多く記述している。82・1%は母がしている場面である（表1－4）。

では、女子はどんなアンペイドワークを記述しているのだろうか。Hは次のように綴った。

H　私のお母さんは、いつもお姉ちゃんがいく時間にまにあうように、朝5時に起きて、自分の

表1-4　どんなアンペイドワークが綴られているか

綴った人	女子		男子	
する人／どんなアンペイドワーク	母（祖母）	父（祖父）	母（祖母）	父（祖父）
食事づくり 注2	17		5	1 注3
洗濯	6		2	
掃除	5		3	
食事のあと片づけ	5		2	
ペットの世話	6			
庭仕事	1			5
子どもの送迎	4	1 注4		
家族を起こす	2		1	
買い物	1	1		
洗車		1		1
試合の応援	1			1
朝家族を見送る	1			
夫の送迎			1	
家のカベ洗い				1
一緒に起きている	1			
悩みを解決する				1
子どもを怒る		1		
小　計	50	4	14	10
合　　計	54		24	

注1）空欄は0を表す
注2）ここでは「食事づくり」などのように内容をまとめている
注3）「母が熱をだしたとき」なので日常的には母のアンペイドワーク
注4）父がするのは母が行けないとき

弁当、お姉ちゃんの弁当、お父さんの弁当を時間までに、まにあうように作ります。…弁当とかを作り終わったら休むひまなく朝ごはんを出して、夜のうちにしといた洗たく物を干します。…犬やねこにエサをやったら仕事へ出かけていきます。…本当はいつもお母さんがむかえにきてくれていたのでそう言う日（帰りが遅くなった日）には、お姉ちゃんが夕食を作ってお父さんとむかえにきてくれます。…食べおえてお母さんが少し横になろうとすると、お父さんが早くした方がきつくないからすぐ、「かたづけろ」と言います。だから、つかれている日でも少し休みたくても休めません。…でも、本当きついです。／お母さんは、ふつうの時間に帰ってきたり、休みの日があったりして食事を作るのが早く終わったら、私のむかえにもきてくれます。（…は中略、以下同じ。カッコ内の補足、実線・波線は筆者）

Hは朝早くから夜遅くまで母がアンペイドワークをするようすを綴る。食べ終えて母が「少し」休もうとすると父が「『かたづけろ』といい」、母は起き上がって片づけはじめる。母が疲れていても父はしない。それはKにおいても同様である。Kの母は美容師で昼間は義母の美容室、夕方からはレストランで働く。

K　12時から1時ぐらいにかえってきて、ちゃわんを洗ったり、ごはんを、たいたりして、お風呂に入って寝るそうです。（実線は筆者）

Hは「早くした方がきつくないから」父は「かたづけろ」というのだと理由づけ、同時に「でも、本当きつい」とも綴る。Kは、大変と思っているかもしれないが、母がすること自体には疑問を持っ

表1-5　アンペイドワークを誰が担っているか

母（祖母）も父（祖父）もしている					母（祖母）だけがしている			父（祖父）だけがしている		
アンペイドワーク	女子		男子		アンペイドワーク	女子	男子	アンペイドワーク	女子	男子
	母	父	母	父						
庭仕事	1			5	食事づくり 注2	17	6	洗車	1	1
子どもの送迎 注3	4	1			洗濯	6	2	家のカベ洗い		1
買い物	1	1			掃除	5	3	悩みを解決する		1
試合の応援	1			1	食事のあと片づけ	5	2	子どもを怒る	1	
					ペットの世話	6				
					家族を起こす	2	1			
					朝家族を見送る	1				
					夫の送迎		1			
					一緒に起きている	1				
合　計		9		6	合　計	43	15	合　計	2	3

注1）空欄は0を表す
注2）父がする1回は「母が熱をだしたとき」なので「母だけ」に入れる
注3）父がするのは母が行けないとき

ていないようである。このように、大変さに共感してはいるが理不尽だと怒る表現がないのは、母がするのは当然で疑問に思ったり考えたりしたことがなかったからだろう。子どもたちは性別分業意識をすでに内面化していると考えられる。

男子では、rが「（父は）朝はいつも起きれないからお母さんが起こします」（カッコ内の補足、実線は筆者）と綴ったように、n以外の4人では父を助ける母のアンペイドワークが1回ずつ登場し、4人ともそれを当然と思っていた。

アンペイドワークを誰が担っているかを表したのが表1－5である。全体の合計78をもとに割合をみると、母と父両方がするのは19・2％、母だけは74・4％、父だけは6・4％で、母だけがする割合は高い。「食事づくり」

が最も多く、「洗濯」「掃除」「食事のあと片づけ」など毎日欠かせない労働は母だけがしている。「起こす」「見送る」「送迎」などやや広い意味でのケア労働では、母は子どもと夫とペットを、父は子どもをケアしており、登場回数は母は父の6倍である。子どもはアンペイドワークの分担をこのように記述している。

男子ではみられないアンペイドワークへの感謝・尊敬

では子どもはアンペイドワークにどのような意味づけをしているのだろうか。まとめたのが表1－6である。母への感謝・尊敬は女子には登場するが男子には登場しない。父への感謝・尊敬はその逆である。どんな感謝・尊敬が登場するかを表1－7に示した。

母への感謝・尊敬は女子では「朝、はや起きをして、夜おそくまで」「自分のことを後まわしにしてくれる」「みんなが喜びそうなご飯を考えて作ってくれ」ることなどに向けられている。

A　朝、はや起きをして、夜おそくまで、がんばっています。…いっつも、自分のことを後まわしにしてくれるお母さん。

I　みんなが喜びそうなご飯を考えて作ってくれます。（波線は筆者）

男子は父への感謝・尊敬をcでは「疲れていても」「根気よく」「みんな（家族）のために」と3回、

表1-6　アンペイドワークへの意味づけ

母（祖母）のアンペイドワーク							父（祖父）のアンペイドワーク						
カテゴリー	女子　6人			男子　5人			カテゴリー	女子　3人			男子　3人		
	綴った人数	のべ人数	登場回数	綴った人数	のべ人数	登場回数		綴った人数	のべ人数	登場回数	綴った人数	のべ人数	登場回数
感謝・尊敬	5	10	12				感謝・尊敬				3	8	8
共感・心配	6	7	11	1	1	1	共感・心配						
不満・否定							不満・否定	1	1	1			

注１）空欄は0を表す。父への不満・否定は「たまに家にいて『べんきょうしろ』とおこる」

表1-7　アンペイドワークへの感謝・尊敬

母のアンペイドワークにたいして			父のアンペイドワークにたいして		
女子　6人	人数	回数	男子　3人	人数	回数
朝早くから夜遅くまでしている	3	3	疲れていてもしてくれる	1	1
自分のことは後まわしにしてくれる	2	2	根気よくしてくれる	1	1
みんなが喜ぶご飯を考えてくれる	2	2	家族のためにしてくれる	1	1
子どもを応援してくれる	1	3	子どもを応援してくれる	1	1
楽しんでやっている	1	1	母が熱をだしたらしてくれる	1	1
いつも忘れないでしてくれる	1	1	食事に呼びにきてくれる	1	1
			悩みを解決してくれる	1	1
			作業に協力してくれる	1	1
のべ人数・回数	10	12	のべ人数・回数	8	8

1（エル）では「母が熱をだしたら」「食事に呼びに」「悩みを解決」「作業に協力」と4回繰り返し登場させる。「尊敬」が先にあり、その父がしていることに対して尊敬が向けられているようである。女子では父への感謝・尊敬はなかった。尊敬という言葉は父に向けて男子だけが使っている。

c　みんなのためにしているしば植えをする姿に尊敬しました。（波線は筆者）

母への共感や心配は7人に登場し、全員がペイドワークの後「休めない」まま働いていることを心配していた。先述のnもその一人である。Iは次のように綴る。

I　農業の時は、おじいちゃんと一緒にやるけれど、家事はおばあちゃん一人なので、疲れが溜まっています。だから、（午後）30分間でも、寝る時に、疲れを癒して、そしてまた、仕事をしなくてはいけないのです。時々、おばあちゃんは、休めないときがあります。やる事がいっぱい繋げているからです。（カッコ内の補足、波線は筆者）

詳細に綴ったnとは異なり、母のアンペイドワークを1回だけ登場させた男子は共感も心配もしていない。

6　父への感謝・尊敬が添えられているペイドワークの記述

どんなペイドワークを綴っているか

子どもはどんなペイドワークを認識しているのだろうか。母（祖母）のペイドワークは10人が綴っているが、最も多いのは接客・販売で4人、ここにはダブルワークの母が2人いる。続いて内職が2人[9]、ここには内職と接客でダブルワークの母が1人いる（ダブルワークは合計3人）。あとは製造、設計・建築、農業、病院（看護師）が1人ずつである。父（祖父）のペイドワークは27人が綴り、製造と自営がそれぞれ5人、接客・販売と公務員は4人ずつ、農業と設計建築が3人ずつ、運送2人、銀行1人である。

取材をしているので文章からは雇用形態も浮かびあがる。文章で不明瞭でも日頃の話で推測できる点もある。母は10人のうち2人が正規雇用（看護師1、製造1）で、ほかは非正規雇用と内職、父は27人のうち自営と農業の8人以外全て正規雇用である。

父と母とで違うペイドワークへの意味づけ

では、子どもはペイドワークにどのような意味づけをしているのだろうか。

意味づけを探っていく過程で、ペイドワークでは対象が誰かによって綴り方に異なる傾向があることが分かってきた。4節で引用したCとnの文章をみてみよう。nは冒頭から10番目の文「製品の…出荷する」まで実態だけを淡々と綴っている。Cも冒頭から「お父さんが…休みだそうです」までの3つの文ではそうである。しかし4番目の文以降、「そしてお父さんは…いちばん売れるそうです」の一文以外、Cはペイドワークにかんするどの文にも意味づけをしている。母を対象にした10人のうち6人では実態だけを綴る文が多かったが、父を対象にした27人では全員に早い段階から何らかの意味づけが付随している。

最も多い意味づけは感謝・尊敬である。父へ向けては111回登場し、母（17回）の6・53倍である。「見習いたい（15人）」「大変だが頑張っている（13人）」「やりがいをもっている（8人）」「学び続けている（6人）」「休まない（6人）」「家族のため頑張っている（5人）」「重要な仕事だ（5人）」など父には25通りの意味づけが登場し、その数は母（7通り）の3・6倍である。一人の文章の中での登場回数は、平均で母は2・43回、父は4・83回、子どもは同じ表現や複数の表現を繰り返して父への感謝・尊敬を綴っている。男女で比較すると、例えば「大変だが頑張っている」は女子3人、男子10人が綴っているなど、その傾向は男子にやや強い。尊敬という言葉は父には直接使われることもある。それは男子に限られる。

d　「仕事はきついが楽しい」と言った。お父さんは僕にとってそんけいする人だ。（波線は筆者）

母だけにあるのは「二つかけ持ち」で頑張っている、仕事の話は「聞いていて楽しい」という意味づけである。hは次のように綴った。hは母方の祖父母と母との4人暮らしである。

h　お母さんの仕事は○○（スーパー）に行って△△（24時間営業レストラン）に行きます。たいへんそうだなーと思います。／○○の仕事は主にレジをします。…／お母さんはよく仕事であった話をしてくれます。「今日、あの人のお母さんとあってこんなことがあったよ。」というような話を聞いていると、とても楽しいです。／あと、お母さんは○○でとく別な仕事をまかせられています。このまえその仕事を見たら、あの人は何時から何時まで働くというのを何十枚も書いていました。とてもきつそうでした。／夜は△△で料理を作っています。料理を作るのに最初のほうは、ほうちょうとかで手を切ったりして家にかえってきたときはびっくりしました。／〇〇と△△の働く時間を合わせると16時間です。／なんでお母さんがこんなに働いているかというと僕を育てるためです。きゅうしょくひとか僕が習っている物とかでどんどんお金がへっていくから、お母さんは二つの仕事をかけもちして生活を安ていさせているわけです。（カッコ内の補足、波線は筆者）

hは「僕を育てるため」に「二つの仕事をかけもちして」いる母に感謝している。共感・心配は感謝・尊敬に比べてかなり少ない。母に27回登場し父（19回）より多い。「体に負担がある（8人）」「ケガの危険がある（3人）」は父母両方にたいして共感し心配しているが、母にたいしては「慣れるまで難しい（3人）」「もらえるお金が安い（3人）」「パートなのに長時間労働（3人）」などパート労働への共感や心配が非常に多い。父に対しては「休みがとれない（2人）」「単身赴任で大変（2人）」など正規または自営業の忙しさにたいする共感・心配である。

不満・否定は母にたいしては男子1人（q）が、父にたいしては8人（女子2、男子6）が綴っていた。

qは「短い間で」「もう3回も」「パートの募集のちらしがあったから」という「単純な理由で」仕事

を変える母の働き方を否定的にとらえている。「仕事への気持ち」を尋ねると「時間がくるまでいっしょうけんめいやること」と母は答え、qは「自分ならぜったいそんなことはいわない」と綴る。疲れがたまっていることに共感と心配を寄せながらも、qには母の働き方が尊敬できるものには思えないのである。その後学級では文章を相互に発表して読み合ったが、qが発表したとき、クラスの子どもたちは、母はこんなに大変なのに頑張っていてすごいと言った。別の見方があることを知ってqはとても驚いていた。

父のペイドワークへの不満・否定には三つの内容があった。一つは、家にいないことが多く父と過ごせる時間が少ないという不満で5人が綴った。二つ目は、父が外でのストレスを家で発散することへの不満で2人が綴った。Dは「帰ってきた時のドアを開ける音で」機嫌が分かる「不機嫌な時にはあまり話しかけない」「それは怒るとこわいから」と、sは「お母さんがいない時には」子どもに『皿を洗いなさい』とか『そうじしろ』とか言」い「あまり気持ちはよくない」「とてもストレスがたまっているように見えた」と綴った。[10] 三つ目に、cは「友達とやっと仲良くなったと思ったら、引っ越しをしてそれのくり返し、くり返しでした」と、父の転勤のたび自分も大変だったとふり返った。

7　性別分業について考えはじめるきっかけに

子どもが暮らしを綴った文章から明らかになったのは次のことである。

第一に、多くの子どもはアンペイドワークを労働と認識していなかった。労働とはペイドワークであり中心を担うのは父とみる傾向があった。暮らしを綴る実践だったことからアンペイドワークを記述した子どもは半数近くいたが、それを労働と認識する子どもは少数だった。とはいえ、母や祖母を取材し綴ったことで、アンペイドワークの存在に気づくようになったと推察される事例が目立った。

第二に、アンペイドワークにたいしては女子と男子とで意味づけのしかたに違いがあった。女子は男子よりも多くのアンペイドワークを認識し、母に感謝し負担の大きさを心配していた。男子ではアンペイドワークをする母への感謝や尊敬はみられず、心配もほとんどしていなかった。男子では父がする（わずかな）アンペイドワークへの尊敬がみられ、そこにはペイドワークで生まれた尊敬が影響していたと考えられる。アンペイドワークの多くを母が担うことについて、男子では疑問を持つようすはないが、女子では「疑問に思っていなかったことに気づいた」と分かる表現があった。ペイドワークでは多くの子どもが感謝や尊敬を綴っていたが、なかでも父にたいしては多かった。母のペイドワークでは実態を淡々と綴る傾向があったが、父のペイドワークでは全員の文章に、多くは尊敬や感謝が意味づけされていた。

以上二つの結果は次のように解釈できる。アンペイドワークへの意味づけが女子と男子とで異なっていたのは、女子は将来担う可能性が高いアンペイドワークをよく意識しその価値も認めている一方、男子はそうではないという、性別分業観および性差別意識（女性役割の軽視）の内面化の結果だと推測できる。またペイドワークの綴り方に異なる傾向があったのも、母のペイドワークを父のそれよりも軽んじる考えが内面化されている結果だと考えられる。あるいは、取材の際、母と父とで語り方に違いがあったかもしれない。つまり、親の側から、性別分業を当然視し、男性の労働のみが誇るべきものだといった価値観が取材の際に伝達された結果とも考えられる。

最後に、以上をふまえて暮らしを綴る実践が持つ可能性について考察したい。

第一に、暮らしを綴る実践は性別分業の実態や課題について子どもが自分で考えはじめるきっかけになると考えられる。母の労働を細かく綴った文章には、負担が大きい母への共感や心配が読み取れた。子どもたちは暮らしを綴ることで、当たり前と思っていた性別分業について考えはじめている。第二に、暮らしを綴り教室でさまざまな見方を交流することには、個人の限られた認識を超える効果があると考えられる。qがそうであったように、子どもは発表して別の見方があることに気づくことがある。交流はそれまで当たり前と思っていた見方に揺さぶりをかけ、子どもたちはそれについて改めて考えはじめる。第三に、自分の暮らしと社会の課題とをつないで考えることができる可能性がある。多くの女性はqの母と同じような状況で働いている。ほかにも長時間労働や家庭がストレス発散の場とされることなど、労働とジェンダーにかかわる社会の課題がここには浮かび上がってきている。

本章では2000年に綴られた中学生の文章からジェンダーにかかわる課題を読み解いてきた。これを受けて望まれるのは「暮らしを綴る実践」の可能性を広げ、その方向性を明らかにするような研究や実践である。例えば母と父どちらにも子どもが目を向けるには加えて何が必要かなど、今後明らかにしていく必要がある。筆者はその反省から、これ以降の実践にはアンペイドワークについて学ぶ過程を加えている。[11]

取り上げた実践では明らかになったこともあるが足りなかったこともある。分析した作品は数量も時期も限られているうえ、分析者（＝筆者）が実践を行った当事者であることから、解釈にバイアスが生じていることも考えられる。ただし、だからこそのメリットもあるだろう。筆者には作品を綴った子どもたちの当時の姿や生活のようすがありありと思い浮かぶ。綴った側と読む側の食い違いは避けられないとしても、「その場」に居合わせたことが、この分析結果に説得力をもたらすことを願っている。

二つの労働が中学生の子どもにはこのようにみえており、学校にも家庭にもジェンダー・バイアスがある中で、働きかけが何もなければ性別分業は子どもたちに再生産されるだろう。アンペイドワークもまた大切な労働である。本章が示す結果は、二つの労働を視野に入れて学ぶ実践が必要なことを示唆している。

【注】

（1）大沢は、労働時間が他の国に比べてはるかに長く、事業所での「取り扱い」に大きな格差がある日本のパート労働は「身分」として把握するしかないと主張する（大沢 1993）。

（2）出典：「男女共同参画白書令和4年版」内閣府男女共同参画局

（3）出典：「令和3年労働力調査年報」総務省統計局

（4）男子優先の慣習の代表的なもののひとつは名簿である。2022年現在男女別・男子優先名簿を使う学校は全国では中学校で10%、中高一貫校で9%存在する（日本教職員組合調べ）。

（5）綴ることは現行の学習指導要領では「書くこと」の中に位置づけられる。１９４７（昭和22）年の同試案では、文章をつくることの学習は「つづること（作文）」という名称でスタートしたが、その後国語教育が領域を拡張し「話すこと・聞くこと」「読むこと」と関連させて学習する方向をとったのに伴い、名称は作文・綴方（つづりかた）・書くことへと変化した（西尾 １９７５）。

（6）ｕの作品は下書きだけがあったため。37人中13人の文章を引用し電話とメールで承諾を得た。

（7）それぞれの性自認は不明である。そのため、ここでは当時使用していた男女別男子優先名簿に従った。

（8）男女別で女子を先にしている。アルファベットの表記もそれに準じる。

（9）ペイドワークの名称は職業分類表に配慮しながらもなるべく子どもの表現でまとめた。「内職」には雇用関係が認められていないが、実際に働いているので同列に取り上げる。

（10）ｓの文章には「お母さんがいない時には、父が、『皿を洗いなさい』とか『そうじしろ』とか言っている。あまり気持ちはよくないが、とてもストレスがたまっているように見えた。『どうしたの？』と聞くと、会社の事、といっていた」とある。

（11）筆者は２００３年にX町Z中学校で同様の実践を行ったが、その際の取材対象は母（祖母）62人（52・5%）、父（祖父）55人（46・6%）、それ以外（おば）１人（０・８%）だった。２０１８年までに実践した三つの学校で、その割合はほぼ変わらなかった。

第2章

「母の仕事」を取材して綴る

1　母と父どちらの労働にも目を向けるために

学校は、日本近代化の過程で生まれた良妻賢母思想を具体的には「男は仕事、女は家庭」という領域の分担として教え、性役割を肯定し、「近代家族」概念[1]を支えるメッセージを子どもに送り続けてきた（小山１９９１、木村涼１９９９ほか）。そうした歴史を考えた場合、学校はジェンダーの視点から常に批判的に教育実践をふり返る必要があるだろう。第２章では、中学校で行われた「母の仕事」を取材して綴る教育実践を取り上げ、中学生がそれをどのように経験したのかをジェンダーの視点から批判的にふり返る。

第１章で見てきたように、２０００年の教育実践の分析を通して、これまでにいくつかのことが明らかになっている。中学生が労働を取材して綴る実践では、取材の中心には全員がペイドワークを選んでおり、アンペイドワークを労働と認識する子どもは１割に満たなかった。７割以上の子どもは取材対象に父を選び、母が対象となる場合は淡々と綴られる一方で、父を綴る文章には尊敬や感謝の気持ちが多く添えられていた。母がアンペイドワークを担うのを当然と思っている表現は、男子に、より顕著だった。しかし、父と比べると少ないとはいえ、そこには「母の仕事」を綴った子どもがいた。

本章では、そのとき「母の仕事」を綴った子どもの中から人数を絞ってインタビューを行い、暮らしを綴る教育実践を子どもがどのように経験したのかを探る。子どもが性別役割意識を内面化していると考えられるため、性別（ただし推測）も考慮する。子どもに分かりやすい表現では労働は「仕事」と表されるため、授業実践にかかわるところでは「仕事」という表現を使う。

「母の仕事」を取材して綴った子どもにとって、綴ったことにはどんな意味があったのだろうか。母と父どちらの労働にもバランスよく目を向け、ジェンダー平等の視点から労働や性別分業について考えるために、学校ではどんな教育実践が可能なのだろうか。

2　3人の作品とインタビュー調査から

2000年の実践で母（祖母）を綴った10人の中から、扱っている労働と子どもの性別という観点で見た場合、記述の仕方が典型的と考えられる3人にインタビューを依頼した。アンペイドワークとペイドワークの両方を扱った中から男子では隆、女子では直子に、ペイドワークだけを扱った中からは聡（いずれも仮名、敬称略）に依頼した（アンペイドワークだけを扱った子どもはいない）。在学中に綴った文章を前もって読んでもらい、2021年8月から9月にかけて半構造化インタビュー形式で、感染症への配慮からSNSと電話で実施した。(2) はじめに綴った当時のことで覚えていることを自由に語ってもらい、続いて取材対象に母を選んだ理由、綴っているときや綴った後に考えたこと、当時家族の仕事について考えていたことなどを尋ねた。

ここではまず、それぞれの文章の〈はじめ〉〈中〉〈終わり〉より一部を抜粋し、文章の特徴を概観す

表2-1　インタビューイー一覧

対象者	文章を綴った年・学年	調査年月日	調査時の年齢
隆	2000年・中学校1年生	2021年8月7日	34歳
直子	同上	2021年8月29日	34歳
聡	同上	2021年7月17日	33歳

る。続いてインタビューをもとに、「母の仕事」を取材して綴ったことが子どもにとってどんな意味があったのかについて考察する。記述は隆、直子、聡の順に進め、インタビューデータはゴシック体で表す。

母は二つの労働を担っている：隆の場合

《隆の作品》

〈はじめ〉お母さんの職場は、二交代なので昼に帰ってくるときは、朝5時から、昼2時に終わる。夜に帰って来るときは、昼1時から、夜10時までである。…仕事をする前に、エアシャワーをして、手を洗って仕事をする。／仕事の内容は、ウエーハという製品を細く切って、製品を作っている。…細く切った、アイシーチップを、パッケージにつけ、それをきんせんではいせんする。それを検査して、ふたをかぶせる。その後また、検査する。（隆、2000年作品。…は中略を、／は段落の変わり目を表す、以下同じ）

〈中〉早番の時はお母さんがご飯を作るけど、遅番の時は、ばあちゃんが作る。／休みの日はだいたい、7時くらいまで寝て、それから、朝ご飯を作って、洗たく、そうじなどをしていたら、12時ぐらいになるので昼ご飯を作る。…それから洗たく物をたたんで、6時ぐらいになったら、夕ご飯を食べて、食っきを洗って、7時ぐらいになったら、風呂に入る。それから11時くらいになったら寝る。（隆、2000年作品）

〈終わり〉仕事でくろうしていることは、お母さんは、目が悪いので細い物を作る作業が大へんだそうです。あと、家でくろうしていることは、家の仕事も、あるので大へんだそうです。仕事が終わると、手がいたくなるそうです。（隆、2000年作品）

アンペイドワークとペイドワークという二つの労働を扱ったのは、男子では隆一人である。〈はじめ〉はペイドワークについての記述である。先述したように、父のペイドワークを綴る場合はほとんどの子どもが父への尊敬や感謝を繰り返し意味づけて綴っていたが、隆の文章はそれとは違って、母のペイドワークを淡々と綴っている（第1章、32頁を参照）。〈中〉では、生活の場面を一つひとつたどりながら綴っていて、アンペイドワークはここに登場してくる。〈終わり〉には、母は「家の仕事も、あるので大へんだ」とあり、隆は母に共感し心配しているようである。

《隆のふり返り――インタビュー調査より》

隆は、父は仕事で不在のことが多く、母の方が取材しやすいという理由で母を選んでいる。

隆　お母さんのほうが聞きやすいし、書こうかなっていうのはありましたね。うちのおやじ、あんまり家に帰ってこなかったんですよ、仕事で。

隆　綴る前はなにをしてる仕事だろっていうのは全くわかんなくて（大変だとか）あんまり思ってなかったです。あたりまえ、じゃないですけど。頑張ってるなっていうのかな、仕事もして、家事もやってたんですごい大変だなっていうのはよくわかりましたね。（インタビュー２０２１・８・７。カッコ内の補足は筆者）

「綴る前」、隆は母の仕事について「全くわかんな」い状態だった。しかし綴ってみて、母が「仕事もして、家事もやって」いて「すごい大変だなっていうのはよくわか」ったという。隆は「毎日家に帰ってあげたい」ので、それができる仕事を選んだそうである。なるべく「家のこと」をするようにしていると話した。

隆　自分が今働いてみて、やっぱり母の仕事は大変だったんだなっていうのはよくわかりますね、家のこともして。…おやじの仕事とかもけっこう休みがなかったんで。…やっぱり、毎日家に帰ってあげたいなっては思いますね。…ぼくも家のことやってますもん。（インタビュー２０２１・８・７）

綴りはじめたとき、あるいは隆は母の労働を軽くみていたのかもしれない。文章は「母から聞いたことをそっくりそのまま書いただけ」(隆、インタビュー2021・8・7)だと話したことからも、それは推測できる。しかし綴り終えて、隆はアンペイドワークの存在を認識し、二つの労働を担う母の大変さに気づいた。それまで母の労働について考えたこともなかった子どもは、「母の仕事」を綴ったことで認識を変化させていた。

アンペイドワークの強要という「暴力」：直子の場合

《直子の作品》

〈はじめ〉私のお母さんは、…朝5時に起きて、自分の弁当、お姉ちゃんの弁当、お父さんの弁当を時間までに、まにあうように作ります。…作り終わったら休むひまなく朝ごはんを出して、夜のうちにしといた洗たく物を干します。…干し終わったらご飯をたべて少し休み、8時ちかくになってきたら仕事に行くしたくをして、犬やねこにエサをやったら仕事へ出かけていきます。(直子、2000年作品)

〈中〉まずはくいに着がえて、8時30分から仕事を始めます。／…外科は内科と比べたら救急車が多くて、やっぱり中でも、事故で来る人が多いそうです。／…一度お母さんがやきんをして、次の日の昼までして帰ってきました。そしたらお母さんは、「つかれた、昼まで仕事をしてくると」と言っていました。／帰る時間になって救急車が入ってきたら、そこでだんらくがつくまで7時、7時半、8時までしなきゃいけないことになります。（直子、2000年作品）

〈終わり〉食べおえてお母さんが少し横になろうとすると、お父さんが早くした方がきつくないから、すぐ、「かたずけろ（ママ）」と言います。だから、つかれている日でも少し休みたくても休めません。私も手伝っていた時、おなじことを言われた…でも、本当きついです。／お母さんは…私の（部活動の後の）むかえにもきてくれます。おそかったりした時には、お父さんにたのんだりして、時々お父さんもむかえに来てくれる時もあります。（直子、2000年作品。傍点・カッコ内の補足は筆者）

〈はじめ〉はアンペイドワークについての記述、〈中〉はペイドワークについての記述である。〈終わり〉には夕食後のようすが綴られている。母が少し休もうとすると、父が「かたずけろ（ママ）」と言うので、母は「つかれている日でも少し休みたくても休め」ない。文章からは、直子が母のことを大変だと思い心配していることが伝わってくる。しかし傍点部は、母に指図する父を直子が擁護しているようにも読める。

《直子のふり返り――インタビュー調査より》

直子は、母を選んだのは「父よりも母を思う気持ちがあったからだ」と話した。

直子　母は夜勤のときでもご飯をつくって出かけてたんです。そんな忙しいなかでも、父が（仕事で）動けないときは、母が部活（の後）に迎えに来てくれて。だから、父よりも母を思う気持ちがあったからだと思います。（インタビュー２０２１・８・29。カッコ内の補足は筆者）

綴っているときは「二つの気持ちの狭間にいた」という。父が「もう少し手伝ってもいいのに」という気持ちと、「送迎をしてくれる」「父にたいしていやな表現とか書」けないという気持ちとの「狭間」である。

直子　なんで母を手伝わないんだろうとそのときも思っていたけど、部活の先生がとても厳しくて自分の意識は部活の方にいってたかもしれない。…父も部活の迎えとか、試合へ行くときとかしてくれてたから、父にたいしていやな表現とか書いてないんだと思います。送迎をしてくれる父と、でもお母さんもきついのにもう少し手伝ってもいいのになっていう二つの気持ちの狭間にいた。（インタビュー２０２１・８・29）

地方の郡部では、部活動を続けるには家族による車での送迎は欠かせない。母が来られないとき、迎えは父に来てもらうしかない。「お母さんもきついのに」「もう少し手伝ってもいいのに」と思っていても、直子は「父にたいしていやな表現とか書」けなかった。

しかし話を聞くうちに、直子が父に気を遣ったのには別の理由もあることが分かってきた。

直子 父はときどき母に手を出したりしてました。モノを投げたり、箱を投げる、モノをもって打ちにいくとかしてました。小さいときにそれを見てて、その光景を忘れられないですね。

直子 飼っていた犬が父のせいで排泄とか介護が必要になったのに、介護していたのは母。父のせいで犬の介護までしなくてはいけないことになって、母は泣きながらしてた。

直子 父のこととか書いていいのかなというニュアンスもあって。勝手に人前で言ってはいけないのかなとか考える習慣が身についてて。中学生までは父を怒らせたらいかんと思ってた。(インタビュー2021・8・29)

父は身体的暴力も精神的暴力も、アンペイドワークを母一人に強要するという形での「暴力」もふるっていた。直子は「(父のことを)勝手に人前で言ってはいけない」と「考える習慣が身についていたと当時をふり返り、傍点部は「教室でそのまま発表したら、父が悪く思われるかもしれないと思って」(直子、インタビュー2021・8・29)付け加えたと話した。父についての話は続く。中学校を卒業し、部活動がなくなってからの話である。

直子　母の負担があからさまに見えるようになって。…今までは（送迎を）してくれてたから許せている部分があったけど、父にたいして、どうしてしないのと思って、気持ちがさめていってる。見えていなかった部分が見えてきて、ひどいなと思った。（インタビュー2021・8・29。カッコ内の補足は筆者）

部活動がなくなると、直子は父に「もっと（母を）手伝うように言いはじめ」（直子、インタビュー2021・8・29）た。そのため父と「ケンカになって、モノが飛んでくるとかあって」（同上）高校生のときに家を出たという。直子は自分のパートナーには「私は平等がいい」（同上）と気持ちを伝えたそうである。

直子は面前DV[3]を経験しており、父のことや、父が悪く思われるかもしれないことを綴るわけにはいかなかった。その「制約」がある中で、直子は「母の仕事」を細かく綴った。綴ったことは、あるいは母と父の間の不平等な関係を再認識することにつながったかもしれない。しかしその点についてはインタビューでは明らかにできなかった。インタビューで明らかになったのは、その後、直子が父に対して自分の考えを主張するようになったことである。そして、アンペイドワークを女性に強要する「暴力」の存在である。

「近代家族」幻想を問い直す：聡の場合

《聡の作品》

〈はじめ〉僕の母は、31歳で身長150センチで体重43kgぐらいです。けっこう小さいと思います。／父のことは、あまり知りません。僕が小さいころ離婚したからです。でも別に悲しくありません。家には、祖父と祖母がいるからです。（聡、2000年作品）

〈中〉お母さんの仕事は○○（スーパー）に行って△△（24時間営業のレストラン）に行きます。たいへんそうだなーと思います。／○○の仕事は主にレジをします。レジはなれるとかん単だけどなれるまでがかなりの努力が必要だそうです。／お母さんはよく仕事であった話をしてくれます。「今日、あの人のお母さんとあってこんなことがあったよ。」というような話を聞いていると、とても楽しいです。／あと、お母さんは○○でとく別な仕事をまかせられています。このまえその仕事を見たら、あの人は何時から何時まで働くというのを何十枚も書いていました。とてもきつそうでした。／夜は△△で料理を作っています。料理を作るのに最初のほうは、ほうちょうとかで手を切ったりして家に帰ってきたときはびっくりしました。（聡、2000年作品）

〈終わり〉○○と△△の働く時間を合わせると16時間です。／なんでお母さんがこんなに働いているかというと僕を育てるためです。きゅうしょくひとか僕が習っている物とかでどんどんお金がへっていくから、お母さんは二つの仕事をかけもちして生活を安ていさせているわけです。／とにかくお母さんにはがんばってほしいです。でもそれでたおれたりしたらもっと大変なので体にも気を使ってほしいです。（聡、２０００年作品）

〈はじめ〉は母の紹介と家族についての記述である。〈中〉では母が昼間はスーパー、夕方からは24時間営業のレストランで働くことが綴られる。仕事先での話を聞くのは「とても楽しい」が仕事の大変さにも気づいている。〈終わり〉ではなぜ母が「こんなに働いているか」を綴り、「体にも気を使ってほしい」と心配している。

《聡のふり返り――インタビュー調査より》

聡は、母を選んだのは「お母さん（が）好き」で「一番身近だった」からだと話した。

聡　やっぱ、お母さん好きだったんで。家族全員好きでしたけど、お母さんが一番身近だったので。話があいますし、よく話してましたね。（インタビュー２０２１・７・17）

綴ってみて思ったのは「お母さんすごいなあ」ということである。「ほんとに帰りも遅かったので」改めて本人への取材はせず「完全に、生活から」「全部書き上げ」たそうである。今読み返しても「いいなって思」う、アンペイドワークをあまり母がしない（できない）ことにたいしては「うちはうち」と思っていた、「必死で」綴り、終わったときは「達成感」があった、当時のことは今も「覚えて」いると話した。

聡　仕事のこととかよく聞かせてくれてましたし、ほんとに帰りも遅かったので。…やっぱり、文章にしてみて、お母さんすごいなあと思いました。大変ですからね、朝から働いて夜まででっていうのは。

聡　完全に、生活から、もう全部書き上げてるなっていう。当時、中学生の自分はこういう目でお母さんみてたんだなって。なんかまあ、いいなって思いました、これ読み返して。すごい素直な、こういう目でお母さん見てたんだなって思いました。

聡　あんまりお母さんのごはんとかたべたことなかったですね。うちはうちだったので。全然（不満に）思ったことはないです。

聡　もう苦手だったので、もう必死で書いたと思います。終わって達成感はありましたね、覚えてます。（インタビュー 2021・7・17。カッコ内の補足は筆者）

クラスで発表することは最初の学年集会で伝えていた。聡は取りかかった当初から「すごい悩みながら書いて」「みんなの前で読み上げるっていうので、すごい緊張してた」（インタビュー 2021・7・

17）が、それは「周りはだいたいご両親いた」からだろうとふり返った。

聡　周りにくらべて自分がどう思われるかっていう緊張があったんですかね。…うちはもう父親がいなかったので、周りはだいたいご両親いたと思うんで。それが一番大きかったかもしんないです。その、なんとも思ってなかったですけど。（インタビュー2021・7・17）

自分の暮らしを特別なものとも「なんとも思ってな」いにもかかわらず、聡に緊張を強いたのは「周り」にある「近代家族」幻想である。発表を聴いた子どもは、聡が綴った楽しそうな（しかし経済的には厳しい）暮らしぶりや、目の前にいるクラスメイトに改めて向き合うことで、それまで当たり前と思っていた自分のジェンダー・バイアスについて問い直さざるを得なくなる。授業ではそれぞれがその場で意見を言ったり、小さな紙に書いて最後に渡したりした。聡は「周り」が「応援してくれてる」ように感じたという。

聡　その紙もらったの覚えてて、お母さん頑張ってますねみたいなことが書いてあって、うれしかったなあっていうのがありますね。やってよかったなって。自分が書いた作文で、誰かがそういう、思ってくれるっていうのを初めて知ったかもしんないです。応援してくれる感じです、共感っていうより。（インタビュー2021・7・17）

離婚のいきさつについては次のように話した。

聡　暴力があったからだと思います。…確かゼロ歳か、自分が生まれたばっかりのときに離婚しているので。…小さすぎたので全然記憶がないですね。（インタビュー２０２１・７・17）

聡の推測ではあるが、ＤＶがあったことはほぼ間違いないと考えられる。[4] 母は家を出ることを早くに決断し、その後ダブルワークを続けて生活を支えている。

聡は父がいないことをどう思われるか心配し、悩み、必死で綴った。綴ってみて聡はダブルワークで働く母の大変さと、母がそれほどまでに働かなくてはならない理由をより明確に認識した。経済的には厳しく母の身体への負担は大きい。それも含めてしかし、聡が綴ったのは素直な目で母を見ている、読んでいて楽しくなるような、ＤＶから逃れた後の母と子の暮らしである。

暮らしを綴り発表する実践は、発表する子どもに強い緊張をしいることがある。発表には共感を得るだけでなく、周囲が当たり前と思っている意識に一石を投じる意味がある。子どもに緊張をしいてでも発表することにはどんな意味があるのか、教員は常に、その意味を自分に問いながら実践を行う必要がある。

3　ジェンダー・バイアスを問い直す入り口に

第2章では、2000年に行った教育実践をもとにしながら、「母の仕事」を取材して綴る教育実践が持つ意味を、成人後に行ったインタビューにより読み解いてきた。ここで明らかになったのは次の4点である。

第一に、母の労働についてほとんど知らなかった子どもは、「母の仕事」を綴ったことで、アンペイドワークの存在に気づき、母が二つの労働を担う大変さに気づいていた。第二に、母が一人でアンペイドワークのほとんどを担う背景として、恒常的な父の不在と暴力を伴うアンペイドワークの強要（DV）という構造的な問題が浮かび上がってきた。第三に、子どもは「母の仕事」を綴ったことで、ペイドワークで母が直面している困難をより明確に認識した。最後に、綴った文章を学級集団で交流することは、発表した子どもを力づけると同時に、周囲の子どもが自分のジェンダー・バイアスを問い直すきっかけになっていた。

以上の結果から、「母の仕事」を取材して綴る教育実践には次のような効果があると考えられる。

一つは、アンペイドワークの存在が暮らしの中から浮かび上がり、子どもがそれを認識できるようになることである。二つには、構造的な性差別の問題に子どもが気づく可能性があることである。なぜアンペイドワークを母が一人で担わなければならないのか、母一人のペイドワークでは経済的に厳しいのはなぜか等々、子どもは自分の暮らしと重ねつつ、性差別について考えることができるだろう。三つには、綴った文章を学級集団で交流することは、子ども同士の理解を深めるだけでなく、それぞれが自分のジェンダー・バイアスを問い直し、ジェンダー平等について考える入り口になると考えられる。

続いて、ジェンダー平等の視点からどのような教育実践が可能なのかを考察する。

第一に、アンペイドワークは労働だと学ぶ過程を教育実践に加える必要がある。アンペイドワークが労働だと分かったとき、子どもはその多くを担っている母の労働にも目を向けやすくなるだろう。ペイドワークだけを労働と認識している見方をそのままにして労働を学ぶことは、母の労働を軽んじる見方を温存し、再生産し、強化することにつながる。アンペイドワークは労働だと学ぶ過程を加えるだけで、子どもは母と父どちらの労働にも目を向けやすくなる。第二に、暮らしを綴ってそれを交流する教育実践は、子どもが自分の暮らしをジェンダーの課題とつないで考えるうえで有効だと考えられる。子どもは暮らしを取材して綴ることで、暮らしの中にある矛盾に気づくことがある。特に母を対象にした場合、労働とジェンダーにかかわる多くの課題がそこには見えてくる。

このように、「母の仕事」を取材して綴る教育実践は、ジェンダー平等を目指すうえで有効だと考えられる。しかし、なぜそのような状況なのかを考えるための手立てはそれだけでは不足している。さらに望まれるのは、適切な資料を補いながら、社会の構造に視野を広げ、母が置かれている状況を対象化し、労働とジェンダーについて子どもが考えることができるような教育実践である。具体的には、生涯賃金、賃金指数、労働基準法、海外の状況などの資料を、文章の内容に合わせて補い、意見を交流する実践が望まれる。

第2章は2000年に行われた教育実践をもとにしており、分析対象が限られているうえ、現在では時間も経過した。また筆者が実践の当事者であることからバイアスが生じていることも考えられる。このように多くの制限があるため、ここで明らかになったことや考察は、示唆や試論的なものにとどまるだろう。けれども、教育実践を批判的に検討するうえで、子どもの立場からそれをふり返ったことには意味があるだろう。本章が示す結果は、暮らしを綴る教育実践、なかでも「母の仕事」をテーマにして綴りそれを学級集団で交流することが、ジェンダー平等を目指す教育実践のひとつになる可能性を示唆している。

【注】

(1)「家庭」という言葉は従来の家族とは異なる新しい家族という意味を込めて、19世紀末より普及した。そこでは「男は仕事、女は家事・育児」という性別役割分業を想定しており、社会と一線を画した私的な空間であり、女性が責任を持つべき領域であり、情愛や安らぎに満ちた情緒的空間となり、社会的労働を担う男性の休息の場であることが求められた。このような「家庭」は、近代という社会において生まれたものであり、近代社会に特有の家族であるという意味で「近代家族」と呼ぶことができる(小山 1999)。

(2) 本調査は大阪大学人間科学研究科の研究倫理審査を受けて実施した。本人より引用の承諾も得ている。

(3) DVを目撃することで子どもは心身に影響を受ける。2005年の児童虐待防止法の改正で「面前DV」は心理的虐待のひとつに位置づけられた。

（4）聡の卒業後、筆者は母が働くレストランで聡の母と話をしたことがある。そのときの話のようすと聡の推測とは一致すると考えられる。

第3章

中学生はＤＶをどのように綴ったか

1　DVが子どもに与える影響とエンパワーメント

筆者は地方の公立中学校で国語を担当し、1988年から2018年の間ほぼ毎年、暮らしを綴る教育実践を行った。そこでは毎回、複数の子どもがドメスティック・バイオレンス（domestic violence 以下、DV）について綴った。第3、第4の二つの章では、暮らしを綴る教育実践の中から生まれた文章の中でDVについて綴ったものに焦点を当て、ジェンダーの視点から、DVが子どもに与える影響とエンパワーメント（empowerment）について明らかにしていきたい。ここでいうエンパワーメントとは、自分が置かれている状況や社会構造を自覚し、内なる力を引き出すと同時に、連帯して力をつけることを意味している（Moser, 1996/1996 ほか）。

DVは広くは家庭での暴力全般を指す言葉として用いられるが、ここでは夫婦・恋人など親密な関係の間で、身体的暴力に限らず精神的、性的、経済的なあらゆる手段を使って相手の精神状況や行動、心理、感情など全般をコントロールし支配する暴力を意味する（戒能 2005 ほか）。DVの背景には、一つには固定的な性別役割意識が、二つにはそれに基づいて構成されている公的・私的領域での性分業と、その結果生まれる構造的、経済的な格差がある。DVはジェンダーに基づく暴力である。配偶者暴力相談支援センターに相談した人の半数以上（52・7％）は子どもと同居しており[1]、児童虐待として通告された中で40・9％の子どもには面前DVがある[2]。子どももまた「家庭」でDVにさらされている。

1960年代の第二波フェミニズム以降、欧米ではDV被害者のための研究や支援活動がスタートし、その後女性への暴力は国際的な課題になった。日本では1970年代中頃からDV被害者を支援する活動がはじまり（ゆのまえ2001）、調査や研究、長い間の運動を経て2001年に「配偶者からの暴力の防止及び被害者の保護等に関する法律」（以下、DV防止法）が制定された。誉田らが子どもの被害を初めて明らかにしたのは、同じ2001年のことである（誉田ら2001）。その後2004年の「児童虐待防止法」の改正によって、子どももDVの被害を受けていることがようやく認められるようになった。このように、DV被害の中でも子どもの被害は、認識されるまでに時間がかかり、児童虐待と認められるまでに時間がかかっている。ここからの二つの章では児童虐待の中でも、ジェンダーと深くかかわっており、より認識されにくいと考えられる子どものDV被害に注目する。

児童虐待防止法の制定（2000年）と改正（2004年）を経て、DVを受けた子どもへの学校の対応は徐々に変化した。母親から担任に情報が伝わった場合は解決の糸口が得られやすく（宇治2013）、学校の「チーム」としての対応は支援を行いやすくする（本間2020）。しかし学校がDVに気づく場合はそれほど多くない。学校では近年デートDV防止教育などの実践がはじまっているが、現在もなお学校は性別役割意識を子どもに伝え続け（渡部2015、勝木ら2020ほか）、ジェンダー平等の視点は不十分である（木村育2009ほか）。DVを受ける子どもは、学校ではジェンダー・バイアスにさらされている。[3] DVが子どもに与える影響とエンパワーメントというテーマは、ジェンダーと教育研究の研究課題でもある。

第3章では子どもが綴った文章の中から子どもの表現（声）を取り上げ、子どもが感じている問題点と困難をジェンダーの視点から明らかにする。続く第4章では、第3章での分析をもとに、DVの子どもへの影響とそこからのエンパワーメントの過程をジェンダーの視点から明らかにする。ここでいうジェンダーの視点からの分析とは、一つにはDVが社会構造の問題であり性差別の問題であることを認識しつつ分析すること、二つには性別で決めつけるのではなく子ども一人ひとりに注目して、得られたデータをジェンダーに敏感な視点で分析することを意味する。また教員はこの実践で、母の暮らしや（父の労働だけでなく）母の労働にも子どもの目が向くように配慮している(4)。

この二つの章では、ジェンダーの視点からの分析が、DVを受ける子どもへの理解を深め、学校にあるジェンダー・バイアスを批判的にふり返るために必要であることを示し、ジェンダー平等を目指す教育実践に活かせるようなヒントを提示したい。学校にはDVを受ける子どもがいる。DVの被害を受けた子どもは何を問題ととらえ、どんな困難を感じているのだろうか。また、学校ではどのようにその経験を対象化し、乗り越え、エンパワーしていくことができるのだろうか。

2　集団の場におけるエンパワーメント

臨床心理学と教育学の先行研究から

ＤＶについての先行研究は臨床心理学分野を中心に蓄積があるが、子どものエンパワーメントについては十分に検討が行われていない。そのため、エンパワーメントについては、教育学分野の、集団での実践についての先行研究から示唆を得る。

臨床心理学分野では、ＤＶがもたらすのは無力化（disempowerment）と孤立（disconnection）といわれる。その症状は過覚醒・侵入・狭窄《きょうさく》の３つのカテゴリーでとらえることができ、女性にも子どもにも現われることがある。子どもでは人格形成への影響も考慮する必要がある(Herman, 1992/1999, Bancroft, 2004/2006 ほか)。三村らは被害者のための母子生活支援施設で観察を行い、ＤＶを受けた子どもに基本的安定感や信頼感が育ちにくい傾向や、自己表現が苦手な傾向があることを見出した（三村／力武２００８）。乳幼児期に経験した場合、加害者の親への同一化や抑うつ的な反応が現われやすいことも指摘されている（友田２０１４）。これらの先行研究よりＤＶが子どもに与える影響をまとめたのが表３－１である。多くは心理テストや調査、観察で得られたデータを分析対象にしている。

回復（recovery）については、おとなの場合、個人での「語り」や同じ経験をもつ人々によるグループ（サポートグループ）での語りによって、被害者が回復することが明らかになっている（加藤ら２０１９ほか）。バンクロフトは子どもの回復のためには、側にいる者が子どもの声に耳を傾け感情を解放するのを受けとめる必要がある、子どもは起きたことを話し、表現する必要があると主張する(Bancroft, 2004/2006)。現状ではしかし、子ども自身による語りや子どもによるグループでの語りを取り上げた研究はほとんどみられない。

表3-1　DVが子どもに与える影響

①覚醒（過覚醒）　ささいなことで驚く　不安や恐怖を感じる　眠れなくなる　音に敏感になるなど
②再体験（侵入）　覚醒時のフラッシュバック　外傷性悪夢　安全でも危険と感じる　孤立無援感など
③回避・麻痺（狭窄）　不動状態・麻痺　現実感の喪失　主導性を消失した受け身感　記憶の喪失など
④「人格」への影響　攻撃的になる　「問題行動」が増える　自分を責める　衝動的・破壊的になる　何事にも自信が持てない　自尊感情の低下・基本的安定感が持てない　加害の親への同一化など

臨床心理学分野の先行研究より筆者作成

教育学分野では、教室空間のような集団の場でのエンパワーメントについて研究が行われてきた。フェミニズム教育学実践は「会話」や「声」、協同の場で語り、聴くことを重視した（入江　２００４）。伊藤は集団の中で書き、発言することで、女性が自分を見つめ直し女性問題に向き合えることを明らかにした（伊藤　１９９３）。フックスは大学で行った授業の経験を踏まえ、聴きあうことでそれぞれの声（voice）のそれぞれの価値が見えてくる、そこには教員も入るという。教員と学生、学生同士の相互作用はエンパワーメントの要だという（hooks, 1994/2006）。

フレイレは「対話」を通して現実に埋没する状態から自分に向き合い抑圧に立ち向かうようになる過程を「意識化（conscientization）」と表した（Freire, 1970/1979）。生活綴方運動を牽引した国分は「綴る」に場面を具体的に描写し批判的にふり返るという意味を持たせ、「書く」と区別して定義する。文章を読み合うことで、共鳴・共感、視野の拡大が起こり、つながりが深まるという（国分　１９７７）。学校の人権教育は「しんどい子・課題をもつ子」が集団の中で居場所を見つけ、周りの子どもと共に、生活の背景や社会のありように関心が持てるようになること（集団づくり）を目指している（全国人権教育研究協議会　２０２３）。森は人権教育の核心には「見つめる—語りあう—つながる」という連続する営み（サイクル）があるが、サイクルを進めるための手立てが十分明らかになっていないことを指摘する（森 2002）。

以上の先行研究は、そこではDVが主題として十分に取り上げてこられなかったという限界はあるものの、エンパワーメントについて次のことを示唆している。第一に、エンパワーメントの過程ではまず向き合うのは自分自身である（フレイレの「意識化」に当たる）。第二に、「語る」ことや「綴る（書く）」ことは自分に起こった出来事を対象化し、それをすること自体がエンパワーメントになる。第三に、本人が語ることやそれによって起こる相互作用は、語り手と聴き手の両方をエンパワーする。学校ではそのプロセスには教員も参加する。

自分に向き合う、綴る、発表する／聴く、「返し」をする

このような示唆をふまえ、本研究が依拠するエンパワーメントについての分析枠組みを表3－2に示した。森によるサイクルを筆者の教育実践（詳しくは後述）を通した視点からより具体的な三つの過程に置き換え、教育学における先行研究に基づいて発展させた。〈自分に向き合う〉という最初の過程は、その後の学習過程に大きく影響する。

これらの臨床心理学分野と教育学分野の先行研究で、まだ明らかになっていないのは次の三つのことである。第一に、DV被害からエンパワーするうえで聴き取られるべき子ども自身の表現（声）は、多くがまだ明らかになっていない。子どもの表現は、必ずしも実態を正確に反映しているとはいえな

表3-2　暮らしを綴る教育実践とエンパワーメント

テーマ：これまでの暮らしをふり返り、自分にとって一番意味のあること、向き合うべきことを綴る(国語)、自分や周りの人をしっかりみつめ仲間とつながる(総合的な学習の時間)		
先行研究における エンパワーメントの過程	実践におけるエンパワーメントの過程	
	子どもの学習過程	教員が行った手立て
自分に向き合う	〈自分に向き合う〉 身近な人の暮らしに目を向け、自分のテーマを決める	自分の「向き合うべきこと」を話す
綴る(書く)	〈綴る〉 場面や出来事をふり返り一つひとつ綴る	自分を例に構想の組み立て方、記述の方法を具体的に伝える
語る／聴く	〈発表する／聴く、「返し」をする〉 発表するかどうか決める	「一番言いたくないことは本当は一番分かってほしいこと」「『返し』とは自分のことで返すこと」と伝える

注)「返し」は発表を聴いて感じたことや考えたことを発表したり短い手紙にしたりして伝えること。
1、2年次は身近な人の仕事と暮らしなどをテーマにしながらほぼ毎年実践し、それらの実践は連続するサイクルのようにつながる

先行研究と実践の経過を踏まえ筆者作成

い。しかしDVを経験した子どもの表現は、安全に十分配慮しつつ、尊重され、明らかにされる必要がある。第二に、子どもについては、集団の中でどのようにDV被害から子どもエンパワーできるのか、DVを経験していない子どもも含め、そこではどんな相互作用が起こりうるのかが明らかになっていない。第三に、子どものエンパワーメントに役立ってきたと考えられる、学校で行われてきた具体的な手立ては、十分明らかになっていない。

これらの先行研究の課題を乗り越えるために、第3章に続いて第4章では、子どもが綴った文章をもとに、当時の子どもが成人後に教育実践をふり返ったインタビューデータを分析する。綴った側と読む側との食い違いを補うばかりでなく、それによって〈綴る〉ことの意味や、〈発表する／聴く、「返し」をする〉ことで学級集団に起こった出来事が持つ意味を、子どもの立場から、改めて問

い直すことができるだろう。同時にそれは、学校で行われたどんな手立てが有効だったかを明らかにすることになるだろう。

分析するのは、筆者自身が学習指導要領に準じながら人権教育に学んで実践する中で生まれた文章と事例である。第3章では、DVにかんする表現を文章から取り出し、子どもが認識している問題点や困難を明らかにする。続く第4章では、当時の教育実践をふり返ったインタビューデータから、子どもが教育実践をどのように経験したのかを明らかにする。インタビュー調査は現在連絡が取れ安全が確認できる3人（詳しくは後述）を対象に行った(5)。暮らしを綴る教育実践は子どものエンパワーメントにつながったのだろうか、つながった場合はどのような過程をたどっていったのだろうか。

3 「向き合うべきこと」を選び綴る教育実践の流れ

分析対象には、筆者が3年生担任と副担任による集団（3年部）に所属し、国語を担当した8回の中から4回の実践を選んだ（2002、2005、2011、2016年）。実践は隣接する4校にまたがっているが、規模（1学年4〜7クラス）や地域の状況（農業・工業・商業地域が混在）はよく似ている。

実践は4校でほぼ同様のものである。地域と結んだテーマは人権で（人権総合学習）、3年間部落問題に学ぶのと同時に、1年次は水俣学習、2年次は平和（沖縄）学習、1、2年のどちらかでハンセン病に学んだ。3年生は「統一応募用紙」の学習後進路公開に進む。進路公開は自分の暮らしの中にある差別に向き合い、クラスメイトが手を結んで抑圧に立ち向かうことを学ぶ場である。進路公開に向けて、国語の時間に暮らしを綴った。

実践に先立ち、教職員はまずねらいを共有する。進路公開のはじめに何を話すとよいのか、なぜ子どもに発表させるのかなど、折々に浮かんでくる課題については、その都度教職員で話し合いながら実践を進めることを確認する。

国語の授業のはじめには、筆者はまず自分にとっての「向き合うべきこと」を話した。差別にかんする自分の経験や必ずしもうまくいかなかった出来事などについてである。

参考作品を読み終わったら、次はいよいよ子どもが自分のテーマを決める番である。全体へ向けての説明が終わったら、筆者は教室内をゆっくり移動しながら、子ども同士の会話を聞いたり、一緒に少し話したりした。どの教室にもたいてい、1年生や2年生のときに綴らなかった子どもがいる。例えば後述するyは、1年生のとき「先生、俺が取材するのはお父さん。それは決まってる」と筆者に話したきり、1年生でも、2年生でもまだ綴っていなかった。入学して以来の、それぞれの子どもや保護者とのやり取りを思い出しながら、まだ綴っていない子どもには「中学校で綴るのはこれが最後、もうそろそろ、いいかな?」と声をかけた。

構成と記述についての説明は、時間を取りすぎないように配慮した。子どもが考えるための時間、綴るための時間を教室内で十分保障したかったからである。一人また一人と綴ることに集中する子どもが増えはじめると、ざわめきはやがて静まり、前方に積んである国語辞典を借りに来る子どもの足音だけが聞こえるようになる。

文章は批判や評価を加えずに受け取る。担任やほかの人に読んでもらいたいときは必ず許可を求め、本人の意思を尊重する。

ところで、教員が子どもに何を話すかを決めるのは案外難しい。はじめての経験ならなおさらだろう。しかし教員が一人の人間として、ときに自分の差別意識をふり返って話そうとするとき、子どもはそれをすぐに察知する。「先生、今日はなんだかいつもと違う」。教室はしんと静まり返り、机に伏せていても耳をそばだてていたりする。教員は同学年の教員に聞いてもらいながら自分をふり返り、何を話すのか決めていくのだが、教員が最も多くを学ぶのは子どもの反応からだろう。子どもは話を聴いて感じたことや考えたことをその場で発表したり、紙に書いて渡したりするが、筆者の知る多くの学校ではこれを「返し」と呼ぶようである。教員もまた「返し」から多くを学ぶことになる。

クラス担任は、教室でぜひ最初に共有したいと思う文章を選び、子どもに発表を依頼する。文章に描かれた人にも依頼する必要がある。主に担任と子どもとで相談を重ねるが、発表するかどうかは、最後は子どもが決める。筆者の場合は、そこに差別がみえる文章を選んで依頼することが多かった。

発表するとき子どもはかなり緊張するようである。けれども「返し」をもらうと、ほかの子どもたちから応援され、背中を押してくれているように感じるようである。発表は数人のことも、大勢になることも、全員がすることもある。発表のとき筆者はいつも、教室の前に「一番言いたくないことは、

表3-3　実践の概要

国語		
テーマ：これまでの暮らしをふり返り自分にとって一番意味のあること、向き合うべきことを綴る **ねらい**：学習を主体的に組み立て国語の力をより確かなものにする		
教科書の単元	学習内容	時間50分
わたしの国語学習（書くこと）注1		
	②テーマについて考える	1～2
	③自分のテーマを決める	1
	④構想を組み立てる	1
	⑤綴る	3
	⑧進路公開文集づくり	2

総合的な学習の時間	
テーマ：進路公開 **ねらい**：自分や自分の周りの人をしっかりみつめ仲間とつながる	
活動内容	時間50分
①ねらいを共有する	1
⑥クラス担任の話を聴く	1
⑦発表する、聴く、「返し」をする（この活動のくり返し）注2	12～15
⑧進路公開文集づくり	2

注１）教科書（東京書籍『新しい国語3』）は年によりやや異なるが、表には2002～2005年のものを示した。この単元では複数の学習教材―（話すこと・聞くこと）聞きあおう、夢・未来、（書くこと）時を超える手紙、（読むこと）詩など3つの読み物―が示され、各学校（個人）が工夫して学習を組み立てる。2011～2016年は〔「書くこと」領域〕今の思いをまとめよう―時を超える手紙〔目標〕中学校生活（傍点筆者）をふり返ったり未来を展望したりして思いを手紙の形にまとめる、である
注２）発表は総合的な学習の時間を中心に、学活や短学活（帰りの会）で行うこともあった

本当は一番分かってほしいこと」と書いた。これは解放学習の場で聞いてきた言葉である。「『返し』とは自分のことで返すこと」とも書いた。批評はいらない、同情はもっといらない、聴いたならまるごと受けとめ、相手にも自分にも真摯に向き合おうという意味である。そのせいか、発表を聴いたあと再び綴る子どももいた。

4校のうち3校は、早いところでは1991年から進路公開文集（卒業文集にあたる）を作っていた。進路公開がはじまる頃、各クラスの代表からなる実行委員会を組織して、編集方針の決定、表紙づくり、教職員からのメッセージ集めなどを行う。一方で、文字に残すことには発表とはまた別の意味が生まれるので、文集に掲載する文章を決める過程はていねいに行う必要があった。

表3-4　実践の経過

総合的な学習の時間	①ねらいを共有する ●学年集会などで、子どもと教員全員で学習することを確認する
国語	②テーマについて考える ●教科担任の「向き合うべきこと」を聴く ●参考作品を読む　2002年:『年刊日本児童生徒文詩集』(日本作文の会編集)掲載作品、2005年と2011年:「親と子の関わり」(2002年生徒作品、参考資料1)、2016年:「俺が嫌いだった父」(後述する俊一の2011年作品、参考資料3) ③自分のテーマを決める ●相談してよいが最後は自分で決める ④構想を組み立てる ●自分以外にもう一人目を向ける人を決める ●はじめ・中・終わりの組み立て方、綴り方、段落と内容の関係などについて学習する ●取材するかどうかを決める ⑤綴る ●3時間を予定して綴る、決められた期限を目安に提出する
総合的な学習の時間	⑥クラス担任の話(向き合うべきこと)を聴く ●聴いて感じたことや考えたことをその場で発表したり、文章にして渡したりする(=「返し」) ⑦発表する/聴く、「返し」をする(この活動のくり返し)
国語・総合的な学習の時間	⑧進路公開文集づくり ●原稿を清書する(国語) ●印刷製本などの作業(総合) ●製本後に教室で読む(総合)

そのため国語で、改めて見直し清書する時間をとった。卒業式が間近に迫る頃、製本所から返って来た文集を、子どもたちは教室でゆっくりと読んだ。

どの学校でも概ね実践はこのように進んだ。手元には筆者が国語を担当し、当時了解を得てコピーをした146人分の文章がある。再度綴ったものを含め作品数は199である。表3－3と表3－4は、おおまかな実践の流れをまとめたものである。

4　作品にみる子どもの状況

これら199の作品で子どもは何をテーマに選んだのだろうか。筆者は繰り返し読んでテーマを表す言葉を探し、見つけた言葉にしたがってまとめることにした。補足資料にはレポート、授業ノート、備忘録を使った。(6)レポートはその都度本人に読んで確認してもらっていた。授業ノートには授業計画と実施後の記録が、備忘録には教職員で話し合った内容や保護者とのやり取りのメモがある。

テーマで最も多いのは「労働」(70人)、二番目は「進路にかんすること」(34人)、三番目が「虐待・暴力」(32人)である。「虐待・暴力」では20人が〈DV〉、7人が〈家族間暴力〉、4人が〈虐待〉について綴った。まとめたのが表3－5である。

最も多いのは労働を綴った文章だった。1、2年生では「身近な人の仕事と暮らし」を取材して綴った経験があるが、改めて3年生でも労働に目を向けている。そこには、母が二つの労働を担っていることや、母のアンペイドワークを労働と認識して綴った子どももがいた。アンペイドワークについて学んだあと自分もするようになったと綴った子ども、アンペイドワークを全くしない父に異議申し立てをした子どももがいた。

次に多いのは進路にかんする文章である。「きょうだい」「母」「父」「友だち」と関連づけながら、自分をふり返り進路を考えていた。

三番目に多いのが虐待・暴力についての文章である。〈DV〉には、母が子どもの頃に経験したその母(子どもにとっては祖母)へのDVを取材したものがあったが、子どもの直接の経験ではないことから、今回の分析対象からは外している。その結果、自身がDVのある環境にいることを綴った子どもは20人である。〈虐待〉では、すでに定期的にケース会議を開いていた子どももいた。綴ったことを契

表3-5　中学3年生は何を「向き合うべきこと」に選んだか
——146人の199作品より

労働 70人	父のPW（40）、母のUWとPW（18）、母のUW（5）、母のPW（5）、自分がするUW（1）、父がUWをしないこと（1）注1
進路にかんすること 34人	自分の将来のこと（15）、きょうだいとのこと（8）、母とのこと（5）、父とのこと(2)、友だちとのこと(2)、自分がまじめになったこと(2) 注2
虐待・暴力 32人	〈DV〉DVのある環境にいること（20）、母から、子どもの頃のDVについて聞いたこと（1） 〈虐待〉父から（2）、両親から（1）、母から（1） 〈家族間暴力〉兄から妹への身体的暴力（2）、兄から弟への身体的暴力（2）、叔父から祖父への身体的暴力（2）、祖母から孫への精神的暴力（1）注3
両親の離婚 13人	両親が離婚したときのこと（7）、父が出て行ったときのこと（2）、両親の離婚をずっと言えなかったこと（1）、離婚の話が進んでいること（1）、母が離婚をするためにしばらく母と離れて暮らしていたこと（1）、祖母は離婚後経済的に苦しいこと（1）
ひとり親との暮らし 13人	母との暮らしの経済的な厳しさ（6）、母の負担の大きさ（6）、父との暮らしでUWを自分がしていたこと（1）
身近な人や自分の病気 11人	自分の病気（4）、母の病気（4）、父の病気（2）、きょうだいの病気（1）
身近な人の死 9人	祖父母の死（3）、父の死（3）、母の死（2）、きょうだいの死（1）注4
障害のある身近な人 8人	きょうだいのこと（6）、祖母のこと（1）、おばのこと（1）
上記以外 9人	いじめられたこと（2）、身体の特徴で悩んできたこと（1）、「おりこうさん」で過ごしてきたこと（1）、施設から養子にきたこと（1）、部活が辛かったこと（1）、駅伝大会での失敗（1）、事故で死にそうになったこと（1）、祖父から家族が追い出されたこと（1）

注1）UWはアンペイドワーク（Unpaid Work）を、PWはペイドワーク（Paid Work）を表す
注2）「きょうだい」「母」「父」「友だち」との出来事を直接進路と関連づけている場合はここに分類。「母とのこと」には、日本語が苦手な母とのこと（1）が含まれている
注3）祖母からの虐待は「お前の母親が（離婚して）出ていったせいで（UWが増えて）大変だと言われ続ける」
注4）父の死は自死1、リストラ直後の急死1を含む。母の死は病死2

機に学校での対応がはじまった子どももいた。〈家族間暴力〉に登場するのは、兄から妹へ（男性から女性へ、年上から年下へ）、兄から弟へ（男性の中で年上から年下へ）、叔父から祖父へ（「家長」になった男性から老いた父へ）の暴力である。暴力をふるう「兄」や「家長」は家父長制を内面化している。祖母から孫への暴力では、母が家を出た後の家事・子育ての負担が祖母だけにかかり（祖父と父も同居しているが）、祖母は孫に、おまえの母親のせいで自分が大変になったと繰り返し言っていた。これらの暴力の背景には、家父長制と固定的な性別役割意識がある。戒能がいうように〈家族間暴力〉には「ジェンダーが埋め込まれている」（戒能 ２００２、80頁）。

四番目以降続くのは、両親の離婚、ひとり親との暮らし、身近な人や自分の病気、身近な人の死、障害のある身近な人についてである。「上記以外」にはいじめられたこと、身体の特徴で悩んできたこと、「おりこうさん」で過ごしてきたのが本当はつらかったことなどが続く。子どもたちは長い間秘めていたことに向き合い、綴ろうとした。決して強制ではないが多くの場合、子どもたちはそれを教室で発表した。発表する可能性があることを承知のうえで、自分に向き合いこれらのテーマを選んでいた。

ＤＶについて綴った20人は当時の性自認（ただし推測）で女子10人（大文字アルファベットで表す）、男子10人（小文字アルファベットで表す）である。筆者が授業で受け持った子どもの中で、ＤＶについて綴った子どもの割合を年度別に見ると、２００２年と２００５年は２％台、２０１１年と２０１６は４～５％台を示し、２０１０年代はやや高くなる。社会の情勢の変化などにより、この間ＤＶを認識しやすくなっていることが考えられる。[7] 表３－６はＤＶについて綴った20人について当時の状況を示したものである。

表3-6　DVについて綴った20人の当時の状況

綴った子ども	誰への暴力か 母	誰への暴力か 子ども[注1] 面前DV	誰への暴力か 子ども[注1] それ以外	居住[注2]	ペイドワーク[注3] 母	ペイドワーク[注3] 父
2002年						
a	○	○	○	離	非	不
b	○		○	別	非	正
A	○	◎	○	同	非	正
c	○		○	同	非	正
2005年						
B	○	◎	○	別	非	正
C	○	○	○	離	非	不
d	○	◎	○	離	非	正
2011年						
e	○	◎		離	非	正
D	○	○	○	同	非	正
E	○		○	離	不※	正
F	○	○	○	同	非	不
f	○	○	○	離	非	正
G	○		○	同	不	正
g	○	◎		同	不	正
h	○	○	○	同	非	役
i	○		○	離	非	不
2016年						
H	○	○		同	非	不
I	○	○		同	専	役
J	○		○	離	非	不
j	○	○	○	離	非	不

注1）◎＝面前DVの場面を記述している
注2）離＝離別、別＝別居、同＝同居
注3）非＝非正規雇用、正＝正規雇用、専＝専業主婦、役＝会社役員、不＝不明、※Eの母は雇用形態不明でフルタイム、20人の中には当時病気や失業等で働けない母や父はいなかった

5　DVについて綴った作品の分析方法

まず暴力に当たる表現を全て抜き出し、暴力が向けられた相手が母か子どもかで分けた。子どもの

場合は、面前ＤＶとそれ以外の暴力に分けた。先行研究[8]にならい「身体的暴力」「精神的暴力」「性的暴力」「経済的暴力」に分けたところ「性的暴力」は見つからなかった。性的な関係は「親密さ」の象徴とみられ、暴力の隠れ蓑となり、より潜在化する（戒能２００２）。そのため子どもには見えにくかったあるいは見えても綴らなかった、またあるいは子ども自身に及んでいても綴らなかった可能性がある。一方で文章からは、アンペイドワークの強要という暴力が浮かび上がってきた。以上より、暴力は子どもの表現により近い次の三つのカテゴリーでとらえ、アンペイドワークの強要にも注目する。

暴力の三つのカテゴリー

〈直接身体を傷つけられる〉

〈言葉による威嚇《いかく》・脅し〉

〈金銭に関する暴力〉

※子どもでは「面前ＤＶ」が加わる

さらに、子どもが理由やきっかけ、はじまりの時期ととらえている表現を抜き出した。全員が安全な状況ではないため、文章の引用は安全な状況を確認してインタビューを行った恵（Ｂ）、俊一（ｅ）、彩子（Ｊ）（すべて仮名、敬称略）の３人に限定する。これ以降、ゴシック体は文章からの引用であることを示している。

6　子どもが綴った暴力

子どものみた母への暴力

母への暴力を表3－7にまとめた。「父は酒を飲んではあばれ、母をけったりし」（俊一、2011年作品）のように、〈直接身体を傷つけられる〉暴力は複数の形態で、同時にふるわれるようすが綴られる。〈言葉による威嚇・脅し〉は「怒鳴られる」が最も多い。「私はもう寝ていましたが下からどなりごえや物音などはげしい音がしたので目がさめたのです」（恵、2005年作品）のように、子どもは複数の音を同時に聞いている。〈金銭に関する暴力〉は次のように綴られる。

恵　父は昔から金づかいがあらく、しゃ金（ママ）もしていました。お母さんが一生懸命働いたお金もすぐ母にかりてあそびや母以外の女の人に使っていた。（2005年作品）

彩子　父は全く仕事をせず…母は働いていたが…そのお金を母に内緒で取って、母がそれを知り「返して！」と言って取ったら父は「あーあ、俺の金が取られた」と言ったそうだ。（2016年作品）

母のほとんどは非正規雇用である。父は会社役員のほか過半数が正規雇用である。複数の子どもは、父は収入が十分あっても生活費を渡さないと綴っていた。複数の母はお金を「他の女の人」に使われ

	綴った子ども（○印は綴っていたことを表す）																			
	a	b	A	c	B	C	d	e	D	E	F	f	G	g	h	i	H	I	J	j
	○	○					○					○			○					
			○		○															
								○							○					
							○													
																				○
			○																	
								○												
							○													
															○					
																○				
					○	○	○		○		○			○	○		○			
			○																	
																		○		
										○										
													○							
										○										
			○																	
																	○			
																		○		
		○		○	○		○		○	○	○					○			○	○
					○											○			○	
					○		○			○										
					○															
		○																		
																			○	

表3-7　カテゴリー別の母への暴力と綴った子どもの数

母が受けた暴力	
カテゴリー[注1]	のべ登場回数
直接身体を傷つけられる――10人	16
殴られる	5
物を投げつけられる	2
酒を飲んだ父に暴れられる	2
顔に腫れ青アザ切り傷が残る	1
顔が血だらけになる	1
平手で打たれる	1
けられる	1
髪をひっぱられる	1
仕事で帰りが遅いと家事の不満を吐かれ、殴られる	1
好きな食べ物がないと食べ物を投げ散らかされ、ゴミだらけにされる	1
言葉による威嚇・脅し――12人	16
怒鳴られる	8
罵声を浴びせられる	1
子どもの前で非難中傷される	1
気分が良くないと愚痴を聞かされ怒鳴られる	1
考えや行動が父と少しでも違うと怒られ怒鳴られる	1
家事と子育てくらいちゃんとしろとグチグチいわれる	1
創作活動のひまがあったらもっと家事をしろと怒鳴られる	1
避難所の掃除、仕事探し、家探しで自宅の家事が不十分だと怒鳴られる[注2]	1
子どもがケガをしたのはお前のせいだと罵られ行動を管理される[注3]	1
金銭に関する暴力――10人	17
生活費を渡してもらえない	10
お金を取られる	3
ほかの女の人にお金を使われる	3
借金で苦しめられる	1
上記以外――2人	2
下校する子どもの跡をつけられ避難先を捜し出される	1
留守中他の女の人を連れて来られる	1

注１）人数は綴った実人数、単位のない数字はのべ登場回数、複数のことがらを綴った子どもがいる。理由やきっかけととらえているところに実線、アミがけ部分はアンペイドワークの強要

注２）綴ったのは災害の後、Hはそんな父の行動を「小さい」と綴っている

注３）母だけの特別なルール（着た服を毎日写真で仕事先に送る、父の電話には絶対に出る、父が決めた洋服しか着てはいけないなど）がある

図3-1　子どもが綴った面前DVと面前DV以外の暴力

た。子どもはそれらを問題ととらえている。

アンペイドワークの強要は、母が自分のこと（創作活動など）をすると「（その）暇があったら家事をしろ」と罵《ののし》られ打たれる、日常的に家事・育児について「グチグチいわれる」、「帰りが遅いと家事への不満を吐かれ、殴られ」るなどが登場する。

子どもが思うＤＶの理由やきっかけは「（父の）気分が良くない」「（母の）考えや行動が父と少しでも違う」など父の気分や考えが優先されないとき、父がアンペイドワークを不十分と思うときなどが綴られ、子どもはそれを問題として認識している。

子どもへの暴力——面前ＤＶ

綴られていること以外にも子どもへの暴力があった可能性は常について回るが、ここでは表現に即して、面前ＤＶとそれ以外の暴力とに分けた。その関係は図３－１のようである。

まず面前ＤＶにかんする表現を表３－８にまとめた。

子どもは面前ＤＶが起こる理由やきっかけを考えている。「（父の）金銭トラブル」「父が突然無茶なことを言い」「仕事で母の帰りが遅いと」のように父が原因と思う子どもは多いが、「自分のせい」という表現もある。

面前DVは「小学校に入ってからしばらくしたころ」（俊一、2011年作品）「幼稚園の年中か年長」のように、ほとんどの場合小学校入学前後にはじまったと綴られる。はじまりの時期とは別に「突然」「急に」などの言葉が複数回登場する。

そのとき子どもはどうしていたのだろうか。「兄弟をつれてよく違う部屋に行って『大丈夫、大丈夫だから泣くな』とよくいってきた」（俊一、2011年作品）など、複数の子どもがきょうだいでかばい合ったと綴った。面前DVの場面は次のように綴られた。

恵　耳をすませると母と父のケンカだったのです…ケンカは毎ばんのようにつづき…一度しったケンカのこわさがあたまにあるので、毎ばん夜になるのがいやでいやで夜ねむれない状態になっていました。そして毎ばんのように泣いていました。（2005年作品）

俊一　もう僕はなれていたのでしょうか、もう涙よりムカツキが大きかったのでしょうか…ただ怖くて、怖くて…その姿を泣くのをこらえて見ていただけでした。（2011年作品）

DVは子どもの前でいくども繰り返されている

面前DVについて、表3－8からは次のことが読み取れる。第一に、面前DVの原因は父にあると考える子どもは多いものの、自分が原因だと考えている子どももいることである。自分が原因と考えている子どもには、自尊感情の低下が推測できる表現があった。第二に、面前DVは小学校入学前または入学してまもなくなど、子どもが小さい頃にはじまることが多かった。第三に、暴力は金銭にかんする争いや母のアンペイドワークへの不満などをきっかけに起こるなど予測できる場合もあるが、突然起こることもあった。第四に、面前ＤＶがあったとき多くの子どもが不安や恐怖を感じていた。きょうだいでかばい合いながら別の部屋で聞く子どもや、自分にも被害が及ぶので逃げ出す子どもが

	綴った子ども 14人（○は綴っていたことを表す）													
	a	A	B	C	d	e	D	F	f	g	h	H	I	j
		○	○	○		○				○		○		
		○				○				○				
			○			○				○				
			○	○						○				
					○	○		○						
			○										○	
				○									○	
	○												○	
		○												
		○												
			○											
			○											
													○	
					○									
					○									
					○									
					○									
						○								
							○							
								○						
									○					
										○				
										○				
											○			
												○		
												○		
													○	
														○

表3-8　子どもが受けた暴力——面前DV

面前DVの表現	のべ登場回数
とても怖かった	6
きょうだいでかばい合ってがまんしていた	3
別の部屋で不安な気持ちで聞いていた	3
不安で泣いていた	3
イライラする、嫌いだ	3
元の家庭に戻りたい	2
自分のせいでケンカをする	2
止められない自分が情けなく厭になった	2
子どもにもあたってくるときは外に逃げた	1
隠しておきたい、知られたくない	1
小6の頃から、ケンカは毎晩のように続いた	1
夜眠れなくなった	1
自分には終わるのを待つことしかできない	1
幼稚園の年中か年長の頃から圧倒的に母を殴り、髪の毛を引っ張り、顔に青アザや切り傷をつけた	1
光景が目に焼き付いて今もはっきり浮かんでくる	1
金銭トラブルのせいで始まった	1
父が浮気をしたせいで始まった	1
小学校に入学してすぐの頃から、酒を飲んでは暴れ、母をけったりした	1
ケンカになると必ず、一時的に母が家を出て行く	1
小さい頃からよくケンカし、夜中に何度も目が覚めた	1
小学校入学後暴力をふるうようになり、母は子どもを連れて家を出た	1
小さい頃は特にひどく、父が金を貸せと怒鳴りケンカが始まった	1
父が突然無茶苦茶なことを言いケンカになった	1
仕事で母の帰りが遅いと家事への不満を吐かれ殴られる、兄と2人で止めていた	1
小さい頃からよくケンカし、家にいたくなかった	1
母は避難所で忙しくて、自宅の家事をしなかったらケンカになる	1
急に母に対してだけ性格が変わって、母をいじめる	1
姉は幼稚園の年長の頃、顔が血だらけになった母の絵を描いた	1

注）理由やきっかけととらえているところに実線、はじまりの時期が推量できるところに二重線、アミがけ部分は面前DVの場面を記述している子ども。場面として記述していない子どもからも、「とても怖かった」「自分のせいでケンカをする」など、面前DVは14人から読み取れる

いた。自尊感情の低下が推測できる子ども、イライラを感じている子どもがいた。綴った子どもたちは面前DVのことを覚えており、今でもその光景が浮かんでくる子どもがいた。

	綴った子ども 16人（○は綴っていたことを表す）															
	女子 8人								男子 8人							
	A	B	C	D	E	F	G	J	a	b	c	d	f	h	i	j
	○															
														○		
															○	
							○									
	○				○											
					○											
	○															
							○									
						○		○	○	○	○	○			○	○
			○					○	○			○	○		○	○
		○								○					○	
															○	
		○								○						
			○													
				○												

表3-9　子どもが受けた暴力——面前DV以外

子どもが受けた面前DV以外の暴力 カテゴリー[注1]	のべ登場回数
父の暴力	
直接身体を傷つけられる——3人	3
母と一緒に打たれ物を投げつけられる	1
止めに入ったら1回殴られた	1
勉強が分からないと殴られる	1
言葉による威嚇・脅し——3人	7
父のために無理にどかされる[注2]	2
父の機嫌が悪いと怒鳴られる	2
帰宅後すぐ掃除しろと怒鳴られ怒られる	1
母と一緒に罵声を浴びせられる	1
声が気に入らないから黙れと言われる	1
金銭に関する暴力——11人	19
生活費が足りず我慢しなければならない	8
離婚後経済的に大変になった	7
借金で苦しめられる	3
母からお金を取って来させられる	1
上記以外——3人	3
父の勝手な都合で転校を強要される	2
母の所へ行こうとしたら手を引っ張られ邪魔されカバンを捨てられる	1
母の暴力	
言葉による暴力——1人[注3]	1
子どもがいるから離婚できないと言われる	1

注1）人数は綴った実人数、単位のない数字はのべ登場回数、複数のことがらを綴った子どもがいる。理由やきっかけととらえているところに実線、アミがけ部分はアンペイドワークの強要

注2）「入浴中にドアをバンバンたたいて開けられ無理に出される」「父が座りたいときソファーからどけろと強く言われる」の2つ

注3）子どもにとっては「言葉による暴力」だが「威嚇・脅し」ではない

面前DV以外の暴力

続いて、面前DV以外の暴力に注目する（表3－9）。暴力をふるう側に性別役割意識があると考えられるため、ここでは父母が認識する性別（ただし推測）で分けている。

まず父の暴力に注目する。〈直接身体を傷つけられる〉は女子にも男子にも登場するが、男子では止めに入ったとき「1回（だけ）」、あるいは「勉強が分からない」ときに殴られたとある。女子では、アンペイドワークが不十分だという理由で母が罵られ打たれるとき、母と姉と「一緒に」打たれた子どもがいる。〈言葉による威嚇・脅し〉を受けたのはここではすべて女子である。「帰宅後すぐ掃除しろ」と怒鳴られ怒られる」などがある。ペイドワークで母の帰りが遅いとき、父は弟（中学生）ではなく姉にアンペイドワークを強要した。ただし、アンペイドワークは性別にかかわりなく子どもに強要される可能性がある。筆者は母の不在時、父が中学生男子に皿洗いや掃除を言いつける場面を取り上げたが、そこには暴力を伴ってまでの強要はなかった（久木田 2022）[9]。限られた事例ではあるが、威嚇・脅しを伴うアンペイドワークの強要は女子に多く向けられる可能性がある。ほかには「（父が入るため）入浴中に無理に出される」「声が気に入らないから黙れと言われる」などの威嚇・脅しが綴られ、これらは全て女子に向けられていた。〈金銭に関する暴力〉では約半数の子どもが「生活費が足りない」と綴った。離別した場合はその8割近くの子どもが「経済的に大変にな」ったことを認識していた。逃れた直後「お金も家もなく、多々（ママ）安いラブホテルで泊まっていた」（彩子、2016年作品）子どももいた。

「上記以外」は「「転校してバレーばせんや？　Ｘにはもう住めんけん」といってきたのです。わたしはすぐさま「無理‼」と声（ママ）えたら父は逆ギレしてどうしても転校させようとしました」（恵、2005年作品）などである。断ると父は「逆ギレ」した。

母の暴力は1人の女子が綴った。「ケンカ」になると必ず、母は一時的に家を出ていき、やがて帰って来る。本当は家を出て行きたい、でも子どもがいるから離婚できないと母は言う。経済的格差、「近代家族」幻想、女性の方が姓もコミュニティも失うことが多い婚姻のありようなど、母の選択肢を狭めるものは幾重にもある。暴力のためにつらい状態に追い込まれた女性は、子どもとの絆を感じること自体が難しくなることがある（Bancroft, 2004/2006）。子どもは、母が怒鳴られるようすや十分な生活費を受け取っていないことを、母を心配し、気遣いながら綴っていた。それは父の暴力について綴るときと同じではなかった。

7　看過できない経済的暴力

20人の子どもたちは、母や子どもへの暴力をこのように綴った。綴った人数や回数をもとに暴力の実態を数量的にとらえることはできないが、次のようなことはいえるだろう。

第一に、ＤＶでは身体的な暴力以外にも多様な暴力が存在することである。子どもが綴った文章はそれを裏づけている。2001年にはじめて制定されたとき、ＤＶ防止法は身体的暴力だけを暴力と定義していた。だが、支援に携わる人々や研究者がこれまで幾度も指摘してきたとおり、父がふるう暴力は多様だった。

第二に、暴力は複合的で継続的なことである。「父が暴れて、蹴られる」「怒鳴られ、殴られる」「管理され制限される」などのように、子どもが綴っている暴力の多くは複合的で、しかも繰り返されていた。子どもが面前で見たとき（面前DV）の影響の大きさが、容易に推測できるような暴力だった。

第三に、経済的暴力の軽視は実態に合わないことである。約半数の子どもが「生活費が足りない」と綴り、離別した場合はその8割近くの子どもが「経済的に大変にな」ったことを認識していた。母と子は、DVがある中でさらにお金の心配もしなければならなかった。現在男女共同参画局のホームページでは、暴力の種類を身体的なもの、精神的なもの、性的なものの三つで説明し、「生活費を渡さない」「外で働くなと言ったり、仕事を辞めさせたりする」などの行為は「精神的なもの」のひとつに分類しているが、[10]経済的暴力は一部としての扱いでよいのかという疑問が残る。経済的暴力を受けている女性はほとんどが非正規雇用である一方で、ほとんどの男性には収入があり、経済的余裕がある場合でも生活に十分な費用を渡していなかった。女性を支配しコントロールする手段として、経済的暴力は社会構造がもたらす圧倒的な差異の中で「有効に」使われている。

第四に、女性に向けてアンペイドワークの強要という暴力が行使されていることである。そこには子ども（女子）も含まれる。それは、子育て中に起こりがちなトラブルの責任を女性だけに負わせる暴力、あるいは、女性がペイドワークに就いていていても何か活動をしていても、アンペイドワークの方を優先せよと強要する暴力である。あるいはまた女性（女子を含む）が、男性の気持ちや考えや都合の方を優先しないことを理由にふるう暴力である。性別役割意識は、男性の暴力を正当化する役割を果たしている。

最後に、限られた数での結果ではあるが、男子に対しては父が期待をかけて（叱咤《しった》、激励のつもりで）行使する暴力や継続的ではない暴力があった一方で、女子に対しては、男子よりも多様な暴力がふるわれている可能性があることである。女子に対しては〈言葉による威嚇・脅し〉やアンペイドワークの強要が行われていたが、男子にはそれは見られなかった。このように、性別役割意識をはじめ、「近代家族」幻想や婚姻にかんするさまざまな制度、社会にある構造的、経済的な格差は母と子どもを苦しめていた。

ここまで、子どもがDVをどのように綴ったかをみてきた。続く第4章では、20人の子どもの中から、連絡を取ることが可能で、かつ、現在の状況が安全と考えられる3人に成人後にインタビューを行い、そこで分かったことをもとに、綴ることとエンパワーメントについて考える。

【注】
（1）出典：「配偶者暴力相談支援センターにおける相談件数等（令和4年分）」内閣府男女共同参画局
（2）出典：「令和4年におけるストーカー事案、配偶者からの暴力事案等、児童虐待事案等への対応状況について」警察庁
（3）そこには暴力的な経験も含まれる。女子に対しては地位引き下げの力が働いている（木村涼 1999）。

（4）アンペイドワークが労働であることを学ぶ、母の労働や暮らしを綴った生徒作品を読むなど。詳しくは1、2章参照。
（5）この調査は大阪大学人間科学研究科の研究倫理審査を受けて実施するとともに、一般社団法人日本教育学会倫理綱領に準拠している。
（6）校内人権レポート、郡市・県・全国人権・同和教育研究集会レポート、日本教職員組合教育研究集会支部・県・全国レポート、県・全国作文教育研究大会レポート。
（7）2002年2・7％、2005年2・0％、2011年4・7％、2016年5・2％。
（8）誉田ら2001、戒能民江2002、日本DV防止・情報センター2005ほか。
（9）第1章で取り上げたs（男子）は、「（父は）母がいないときは（子どもに）『皿を洗いなさい』とか『そうじしろ』とか言」うと綴っていた（s、2000年作品。カッコ内の補足は筆者）。確かに、母が不在のとき父は子どもにアンペイドワークをするよう言っている。sの記述は「（父は）とてもストレスがたまっているように見えた。『どうしたの？』と聞くと、会社の事、といっていた」（s、2000年作品。カッコ内の補足は筆者）と続く。言われてすぐにsがアンペイドワークをしているようには読みとれないうえ、父との話はその後も続いている。ここには、暴力を伴ってまで父がアンペイドワークをさせようとするようすはみられない。
（10）https://www.gender.go.jp/policy/no_violence/e-vaw/dv/02.html（最終閲覧2024・1・7）

第4章

綴ることとエンパワーメント

1　当時DVについて綴った子どもへのインタビュー

第4章では、第3章で分かったことに引き続いて、DVについて綴った当時の子どもへのインタビューをもとに分析を進める。幾年かを経た現在、当時の子どもは学校での経験をどう思っているのだろうか。インタビューの聞き手である筆者が実践の当事者であり教員であることから、回顧的インタビューにバイアスが生じることは避けられない。しかし一方で、筆者には当時の子どもの姿や生活のようすがありありと思い浮かんでくることから、インタビューイーにとっては話しやすく、また記憶をたどりやすい面もあったと考えられる。

インタビューは面前DVの場面がある5人からは発表しなかった恵（B）と発表した俊一（e）に、面前DVは読みとれない中からは記録が多く残る彩子（J）に、安全を確認した後に依頼した（第3章、表3－6参照）[1]。「お母さんも会いたいと言ってます」と聞いたので恵は母にも同席してもらい、当時の俊一の状況をよく知るK先生（2年次担任）にも依頼した。文章は事前に読んでもらい、2020年12月から2021年1月にかけ半構造化インタビュー形式で行った。3人とも筆者はクラスを担任していない。

表4-1　インタビューイー一覧

対象者	綴った年・学年	調査年月日	調査時年齢
恵（B）	2005年・中学3年生	2020年12月26日	30歳
恵の母		同上	55歳
俊一（e）	2011年・中学3年生	2020年12月5日	24歳
K先生	（eの2年次担任）	2021年1月12日	69歳
彩子（J）	2016年・中学3年生	2020年12月21日	19歳

2　DVによる子どもへの影響

第3章では、自分を責める子どもや夜眠れなくなった子ども、イライラする子どもやDVの光景が目に焼き付いていると綴った子どもがいたことが判明している（第3章、表3－8参照）。この節では、臨床心理学分野の先行研究で得られた知見（第3章、表3－1）をもとにそれらの表現を拾い出し、子どもへの影響を浮かびあがらせる。ただし、それは子どもが主観的に感じていることであり、厳密な実証科学の手続きを踏んでいないため、多くの限界があることには留意が必要である。

DVによる影響はインタビュー調査で新たに分かったものもあり、はじめにそれを確認する。これより先、ゴシック体はインタビューデータであることを表している。

DVが恵に与えた影響は深刻で、恵の記憶は一部失われていた。

恵　もう、きついとしか、もうしんどい、ひどくゆったらもう、自殺したいとか考えてた。消えようかなとか。

恵　学校生活が記憶ないかも…放課後の記憶だけかなって…現実逃避じゃないけどちょっとグレたくなったんですよね。忘れるためにみたいな。（インタビュー 2020・12・26）

	綴った子ども20人（大文字女子、小文字男子）																			
	A	B	C	D	E	F	G	H	I	J	a	b	c	d	e	f	g	h	i	j
	○	○	○	○				○				○			○		○			
		○																		
															◎					
															◎					
														○						
		○							○	◎										
		◎																		
		○				○					○	○			○					
		◎				○												○		
			○						○	◎	○									
					○	○									○					
		◎						○		◎										
										◎					◎					
	○									◎										
										◎										
										◎										
										◎										
	○	○	○	○	○	○		○	○	○	○	○		○	○		○	○		

表4-2　DVが子どもに与える影響

DVが子どもに与える影響 注1	のべ人数
①覚醒——8人	
不安や恐怖を感じる	8
眠れなくなる	1
ささいなことで驚く	1
音に敏感になる	1
②再体験（侵入）——1人	
覚醒時のフラッシュバック	1
③回避・麻痺（狭窄）——3人	
主導性を消失した受け身感	3
記憶の喪失	1
④「人格」への影響——12人	
攻撃的になる	5
「問題行動」が増える	3
自分を責める	4
不機嫌でイライラする	4
衝動的・破壊的になる（自殺を考える）	3
何事にも自信が持てない	2
自尊感情の低下、基本的安定感が持てない	2
ストレス場面では簡単にあきらめる	1
加害の親への同一化	1
無口・抑うつ的で反応が少ない	1
①〜④いずれかの影響がある——15人	

注1）人数は綴った実人数、単位のない数字はのべ人数、面前DVがあった子どもにアミがけ。文章からの読み取りとインタビューデータのみに基づいて作成。○は文章、◎はインタビューで分かったこと。性別による傾向を概観するため女子を左、男子を右に並べた。「『問題行動』が増える」は、「ケンカ」のストレスで髪を染めたりピアスを開けたりした等、子ども自身が「問題行動」が増えたと綴っていた場合にカウントしている。

俊一は自信を失い、音や声に敏感になっていた。

俊一　中学生とか小学生の男の子って、何でも自信に満ち溢れて…お元気者みたいな。けど、僕、それ、なく。…見てるからもう、圧倒的差を感じて。子どもの頃から、勝てるはずがないっていう。（インタビュー2021・12・5）

K先生は当時「怯えている。…大きな音、大きな声といったものに俊一がものすごく敏感に反応する」（K先生、インタビュー2021・1・12）と母に聞いたという。

彩子は乳幼児期をDVがある中で過ごしている。3年生のはじめの頃「自分を嫌いになってしまってて」「私は空気でもいい」「父親があんな人だから私もそういう血が入ってるんだな」（彩子、インタビュー2020・12・21）と思い、母と姉に「死にたいっていう発言をした」（同上）ことがあると話した。

以上を含めてDVが子どもに与える影響を表4-2にまとめた。綴ってないから面前DVがないとは言えず、影響は読み取れること以外にもあるだろう。インタビューをした3人ではインタビューの結果も加わるため、ほかの子どもよりも影響が多く表れることになるだろう。このようにさまざまな限界はあるが、これらの結果はDVの影響はときに深刻で軽視してはならないこと、不安や恐怖などの心理的影響と同様、「人格」への影響もまた軽視できないことを示している。また影響が女子にやや多く現れていることには注意が必要だろう。

学校にはDVの影響を受ける子どもがいる。学校はその子どもたちをエンパワーすることができるのだろうか。ここからは、暮らしを綴る教育実践とエンパワーメントについて考える。

3　エンパワーメントの過程を追う

綴ったことで「僕の中で一回革命が起きた」

俊一と彩子は綴ったとき、発表したときのことを現在も詳細に覚えていた。

俊一は綴ったことを「僕の中で一回革命が起きた」（俊一、インタビュー2020・12・5）と表した。発表したときのことは「かなり覚えてますね、かなり力になりました」（同上）とふり返った。

彩子は入学以来、話しかけてもなかなか反応が返って来ず、無口で、教職員はどう対応してよいのか分からないで困惑していた。綴ったことを「父に向き合って」「勇気を振り絞って書いてくれた自分にありがたいなって思う」（彩子、インタビュー2020・12・21）と言い、発表したときのことを「初めてなんか、伝わったなあって思って」「嬉しいっていう感じもあって」「（返しをくれた友人とは）今でもつながってます」（同上。カッコ内の補足は筆者）とふり返った。綴った頃から彩子が周囲の子どもや教職員と話す機会は目に見えて増え、以前よりも「自分」を肯定的にとらえているようすがうかがえた。

恵の場合は、記憶には不鮮明なところがある。しかし綴ったことは恵のエンパワーメントになったと考えられる。その後恵の表情は穏やかになり、行動は落ち着いた。

3人は自分に向き合って綴り、あるいは発表し、そのときの教員や子どもに受けとめられながらエンパワーしたと考えられる。エンパワーメントの過程は3人それぞれに異なるだろう。ここからは次の三つの問いを中心に、3人それぞれのエンパワーメントの過程を追う。

《問い》
〈自分に向き合う〉どのようにして自分に向き合ったのか
〈綴る〉なぜ綴ることができたのか、綴ってどんな変化があったのか
〈発表する／聴く、「返し」をする〉なぜ発表すると決めたのか、発表してどんな変化があったのか

DVの記憶が強すぎて学校生活の記憶がない：恵の場合

恵は、父と姉が暮らす家を出て、母と二人で暮らしていた。恵は最初に、そもそも「(中) 学校生活が記憶ない」と話した。

恵　学校生活が記憶ないかもしれん、こっちの記憶が強すぎて。X中（別の中学校）に行きよった記憶めっちゃある。そっちの元気もんの子たちと、学校終わってからわざわざ自転車で行ったりと

か。…私学校には行ってたんですけど、学校の記憶が全然なくて、放課後の記憶だけかなっていう。う〜ん、現実逃避じゃないけど、ちょっとグレたくなったんですよね。忘れるためにみたいなあれじゃないけど。(インタビュー2020・12・26。カッコ内の補足は筆者)

「こっちの記憶」とはDVについての記憶のことだろう。「現実逃避じゃないけど、ちょっとグレたくなったんですよね。忘れるためにみたいな」と恵は当時をふり返った。しかし同時に「(文章を読むと)そのときの自分の感情とか、全然、そん時の、よみがえってくる」(インタビュー2020・12・26。カッコ内の補足は筆者)とも話した。恵には学校生活は「記憶(が)ない」ようだが、筆者の手元にある記録などをもとにたどっていく。

恵が綴ったときのことを、筆者は次のように記録している。

3年生の12月初め「今自分が向き合うこと」をテーマに綴ることにとりくんだ時、恵さんがその日もじっと考え込んでいるのに気づいた。「恵さん、この間お母さんと話したよ。お母さん、とっても頑張っていらっしゃるんだね」。これ以外何も言わなかったが、恵さんは、自分が向き合うことはこれを置いて他にはない、というようすで文章を綴り始めた。綴り終えた恵さんの表情はからっと明るくなった。(筆者記録、2007年2月「日本教職員組合(以下、日教組)全国教育研究集

会日本語分科会レポート」より）

自分が向き合うことは母へのDV以外にはない

その日も恵は、授業中ただじっと座っていた。そこへ筆者が声をかけたら、恵は一気に綴りはじめた。恵はどのようにして自分に向き合うようになったのだろうか。

インタビューでは、恵は「そのときに、それの頭しかなくて書いたのかもしれない」（恵、インタビュー２０２０・12・26）と話した。当時は「それの頭」すなわち母のこと（母がDVを受けていたこと）で「頭」はいっぱいだったという。１年、２年と続けて国語を担当してはいたが担任ではなかったので、筆者が母とはじめて会ったのは恵が3年生になった秋である。そのときのことを母は次のように話した。

母　眉を剃《そ》ったからってことでそのときに（学校に）呼び出されて。そして（帰りに）ちょうど車のところに行ったときに先生（筆者）に声かけてもらって。「いい子ですよ～」って言われたのがなんかもう。うちの子なんてぜんぜん先生方からいい子って見られてないと思ってたからですね。（インタビュー２０２０・12・26。カッコ内の補足は筆者）

母は具体的なことは何も話されなかったが、その日筆者は日がとっぷりと暮れるまで母の言葉に聞き入った。「問題行動」の背景には別の問題がある、子どもは悪くない、と伝えたいのだと思った。

恵の頭の中は母のことでいっぱいだったが、できれば現実から逃避し「忘れ」たくもあっただろう。そのとき教員から「お母さんと話したよ」と声をかけられて恵は綴りはじめた。筆者と母に接点があったことが、おそらくは肯定的なメッセージとして伝わり、自分に向き合う契機になったと考えられる。ほかにも要因はあったかもしれないが、これ以上明らかにすることは不可能である。

恵が、一気に文章を綴ることができたのはなぜだろうか。

恵の綴り方には一定のスタイルがある。はじめに一つの出来事（長い場合も短い場合もある）を、その後それについての自分の考えを短く加えるというスタイルである。国語の授業で学習したこと（第3章、表3－4参照）が、恵の綴り方にはよく反映されている。母は「そのときの（DVの）状況っていうのはそのまんま」（母、インタビュー2020・12・26。カッコ内の補足は筆者）綴られていると話した。恵は一つひとつの出来事を自分の考えと往復させながらていねいに綴っている。

暮らしを綴る綴り方は、テーマは異なっても基本は同じである。3年生での実践をどのように受けとめていたかについては不明だが、綴ることができたのは、それまでにすでに2回、1、2年生で綴った経験があったことも影響しただろう。卒業前に国語の授業について尋ねたアンケートでは、「最も心に残った学習」に恵は「作文」と答えていた(2)。

綴り終えるとすぐに、恵は座ったまま筆者をじっと見上げて文章を差し出した。筆者はその場ですぐに読んだ。「うん。よく、分かったよ」とうなずいたとき、恵はとてもすっきりした表情を見せて、久々に少し笑った。自分の経験や感情をふり返り、言語化し、外部化したことは、恵のエンパワーメントになったと考えられる。

本人の許可を得るとすぐに、文章は担任に渡した。進路公開がはじまったが、担任は早い時期に、恵に「これは発表しなくていいよ」と話したそうである。担任は生徒指導部にも状況を伝えた。「先生たちも、こういう状況があるんだろうなっていうのを、多分知ってたんじゃないかな。私が急にこうなったっていう」(恵、インタビュー2020・12・26)と話したことからは、恵が学校の対応の変化を感じ取っていたことが推測できる。恵の「問題行動」はやがて見られなくなった。

教室で怒りを爆発：俊一の場合

俊一は2年生のとき教室で感情を爆発させたことがある。当時担任だったK先生はその出来事を鮮明に覚えている。

K先生　7月の授業参観がはじまる直前…自分が言ってる言葉もはっきり分からないような感じでね。…落ち着いてと言ってもそんなのが通じるような感じじゃなくて、とにかくマグマが沸点に達してるような感じだった。(インタビュー2021・1・12)

参観授業の担当は筆者で、早めに教室に向かったため後半の状況を目にしている。K先生はその場で叱りも注意もせず、しばらくして穏やかな声で話しかけたかと思うと、俊一と二人でどこか別のところへ行ってしまった。ほどなく、一時に比べればずいぶん落ち着いたようすで俊一は帰ってきた。

K先生　気持ちが落ち着くまで噴火させ続けるしかないなと思ったので…次の授業の方にも授業参観で来られている親にも申し訳なかったけど、もういいやと思って。…この場面は、ほかの子どもたちにとってもね、大事なことだと思ったんですよ。自分の気持ちを出してもいいっていう風に思わせる部分で。抑えようとは思わなかった。（インタビュー２０２１・１・12）

K先生は、ほかの何よりも俊一が感情を解放することを優先した。ではなぜ俊一は、このとき怒りを爆発させたのだろうか。３年生になって綴った文章には、次のような記述がある。

　ぼくは、運動会や、卒業式、入学式にみんなのお父さんが来ているのを見て、何度うらやましくおもったか。…父さんは俺のがんばってる姿を母といっしょに俺の成長した姿を二人で見守ってくれたことがあっただろうか。一回でもいいから、そんな自分を二人で笑顔で見守ってほしいと思ってた。しかし、俺はもうおこって、母さんに一回授業さんかんにこんでいいと言いました。

そしたら「なんで」っていわれて「べつ（に）親なんてこないでいいから」と俺は行（ママ）った。母はとてもおこった。だけど俺はそれ以上におこっていた。…僕は、父さんや母さんに最初本気でイライラして「ぶっころす」とか「消えろ」とかもう二人ともきらいでした。（俊一、2011年作品、一部抜粋。カッコ内の補足は筆者）

俊一の不満と怒りは、父だけでなく母にも向けられる。授業参観に母が来たと気づいたとき、俊一は「『おまえが来るな』という暴言をお母さんに向けて繰り返し」（K先生、インタビュー2021・1・12。傍点は筆者）た。

俊一自身はこのできごとをどう思っていたのだろうか。

俊一　K先生が「どうしたの？」ってシンプルに聞いてきて。あんときは多分意地はってて、「別になんもない、なんもないし」「いやいやなんもないことないでしょ、あんな大きな声だし、なんかあったなら先生にいいなっせ」って言われて。「いやあ、ほんとに、全然かかわってくれんでもいいし、別に俺の問題やから。で普通に授業も別にやるから、別に先生が気にすることじゃないよ」って言って。「でも先生もそういうわけにゃいかないよ」って先生も食らいついてきてくれたんですけど、結局全部が全部は話さずに、「まあ授業参観にとりあえず来なくていいって、俺は言ったんだよね。で、来たからあんな感じで言い争いになって。もう俺全然落ち着いたから大丈夫」っ

てな感じで終わったような気がします。（インタビュー２０２０・12・5）

俊一はK先生に「意地はってて」「全部が全部は話」さなかったというが、K先生の言葉を詳細に覚えていた。話さなかったことの中にはDVのことが含まれる。

K先生は翌日から家に出かけて行き母と話をはじめた。母は「自分が暴力を受けているっていうことは一切言われなかった」（K先生、インタビュー２０２1・1・12）そうである。俊一が「まだ葛藤を抱えている」（同上）ことに気づきながらも、K先生と母は、二人が話していることは告げず、俊一を静かに見守ることにした。この日以降、俊一が学校で感情を爆発させることはなかった。

K先生は、ほかの何よりも優先して俊一が感情を解放するのを受けとめ、母と一緒に俊一を見守った。俊一はその後、少なくとも感情を爆発させることはなくなった。K先生の対応は、俊一（とおそらく母）の回復を助けたといえるだろう。学校は、たとえそのために教室環境が一時的に混乱することがあったとしても、子どもが感情を解放するのを受けとめ、それを理由に排除したり罰したりしない場である必要がある。K先生は「DVまでは分からなかった」（同上）と残念がったが、DVに気がつかなくても学校にはできることがあった。K先生も筆者も、俊一が綴るまでDVがあったことには気がつかなかった。

俊一は、卒業後は母の姓に変えるので「今の名前で最後の作品」を残そう、筆者に「食らいつくつもり」で自分のことを伝えようとしたという。前述したように、教員が自分の差別にかんする経験について話したことは、俊一が自分に向き合うきっかけのひとつになっている。

俊一　今の名前で最後の作品残せるのってもうこれしかないやってあんとき思って。…先生（筆者）は自分のエピソードをたまに話すような授業をしてたと思うんですよ。私はこういう育て方をされてだとか。そういうバックボーンを先生はもっとるんやなって思って。なんかそこに、親しみを感じたじゃないですけど、食らいつくつもりで。…先生オンリーに向けたメッセージだった気持ちがする。（インタビュー　2020・12・5。カッコ内の補足は筆者）

参考作品には2002年の生徒作品「親と子の関わり」（巻末参考資料1）を読んだ。俊一は参考作品には「邪魔してる人が誰もいなかったから」「すごく入って来」た、参考作品で「勇気づけられ」たと話した。

俊一　先生（筆者）に多分修正された箇所とかもないでしょうし、邪魔してる人が誰もいなかったから、その文章に。だからすごく入って来て、なんか一人友だちができたみたいな感じで勇気づけられましたね。（インタビュー　2020・12・5。カッコ内の補足は筆者）

俊一はなぜ綴ることができたのだろうか。綴ったことで俊一にはどんな変化があったのだろうか。

俊一　そのまま素直な言葉で…相当真剣に書いてたと思います…あっという間でした。

俊一　自分をただうまいこと言おうとかも考えずに、ただただ素直に書くっていう…国語はそういう世界になりました。…素直に自分の気持ちを表現したら誰かには絶対届くっていう、表現する世界の国語っていう風に変わって。（インタビュー２０２０・12・５）

素直に綴れば相手に届く

「真剣に」「素直に」綴ろう、そうすれば相手に「絶対届く」と考えて、俊一は綴ることができた。「最初は興味がなかった」（俊一、インタビュー２０２０・12・５）国語は「表現する世界の国語」に変わった。さらに、父への気持ちが変化したという。

俊一は文章の中盤で、夏休みに父に会いに行ったことを綴っている。「なぜか急にとても一目だけでいいから父さんの姿を見たくなり」「自転車をこいで」（俊一、２０１１年作品）会いに行ったという。

俺は最初「今さら、父親みたいなこと言われても俺は許さない」そう思いました。そしてまあ、いろいろ話しました。「離婚してからのおたがいの生活」、「離婚してから兄弟の成長」そんな時間僕はとても心に残っています。／…そしてもう夕方になり、俺は、帰ることになりました。／すると父は、「すまん、俊一、またこいよ」そう言われました。俺はそのしゅんかんすぐに涙があふれ出てきて、泣いてしまいました。泣かないと決めたのに。俺は泣いたけど「また来る」と言いました。俺はあれほど泣きながら一人帰ったことは今までありません。俺はものとかじゃなくて、父のあやまりが一言でもいいから聞きたくて、自分でも分からなかったけど自分の意志で父さんに会いに行ったんだと思いました。（俊一、２０１１年作品、一部抜粋）

これが俊一にとって意味のある出来事だったことは容易に推測できる。

俊一　生まれてくる家って自分で決めれんから、そこはもう受け入れて生きるしかないし。今は踏ん張りどきだし。自分がしたら嫌って思うことはちゃんと反面教師にして…ガンバロウみたいな。

俊一　（綴り終えて）なんかやりきったっていう気持ちが生まれたんですよね、まず。もう出し切った、これ以上出せんくらい出し切ったわっていう。なんかすごく、僕の中で一回革命が起きたみたいな感じなんですよ、今ふり返ると。

俊一　俺も、なんかできるんかなっていう自分の自信にはつながりました。それは国語じゃなくてもいいし、何でもいいし。（インタビュー２０２０・12・５。カッコ内の補足は筆者）

達成感は自信につながり、俊一は綴った経験を「革命が起きた」と表した。俊一にとって自分に向き合い、綴ったことは、決して小さな出来事ではなかった。

ここで、綴り終えた直後の俊一と筆者とのやりとりを、当時のレポートをそのまま引用してふり返っておきたい。

俊一は一番に仕上げて「先生、はい」と勢いよく渡してくれた。私は教室の真ん中ですぐに読んだ。「先生、隠さなくちゃいけないことじゃないもんね」「もちろん」。そんなやりとりを耳をそばだてて聞いている者は必ずいる。このあと、自分のことを綴り始めた者がいた。「おれ書いたけん。おまえもがんばって書けよ」と声をかけに行った者がいた。(筆者記録、2013年2月、日教組両性の自立と平等をめざす教育分科会レポート(以下、日教組両性研レポート)、一部抜粋)

綴り終えた文章を見せに来て俊一が真っ先に言ったのは「先生、隠さなくちゃいけないことじゃないもんね」である。面前DVの経験も父に会いに行き泣きながら帰った出来事も、隠すべき、恥ずかしいことではないはずだという問いかけに、筆者は「もちろん」と答えた。俊一はそれまで「隠さなくちゃいけない」と思っていた過去の出来事に向き合い、それを「隠さなくちゃいけないことじゃない」はずだと言ってさし出した。

二人の会話は周りにもよく聞こえ、教室の子どもたちは耳をそばだてて聴きはじめた。俊一の真剣なようすは周囲の目にも明らかで、教室の雰囲気を変えた。wはそのあとすぐに綴りはじめ、綴った文章をもって「先生、yんとこ行ってくる。あいつも綴らなんこと（綴らなければならないこと）があるけん」とyの横の席に移動した。yは1年生のとき一度父のことを綴ろうとしたが、そのときは綴れなかった子どもである。エンパワーメントはこのとき俊一にも周囲の子どもにも起こっていると考えられる。

周囲から受けとめてもらえたと実感

では俊一は、なぜ発表すると決めたのだろうか。学級担任に言われ、俊一は発表の前に、母に文章を読んでもらっている。2年生の夏の授業参観の日の出来事を境に、俊一はその頃、母とはほとんど「口をきいていなかった」（俊一、インタビュー 2020・12・5）そうである。

俊一　まああの、読んどいてって感じで渡したんですけど。無言で真剣に読んでて。まあ「ごめん」って。まあでも、結局これから生きてったら辛いことは何回でもあるし、だから、あの、これは一つの現実って受けとめて、これからお母さんもサポートしていくから、みたいな前向きな言葉をもらって、読んでもらったかな。（インタビュー 2020・12・5）

俊一は母の言葉を「背中を押してくれた」（俊一、インタビュー 2020・12・5）と肯定的に受けとめている。伝わった、受けとめてもらえたという実感を教科担任、学級担任、そして母からも得た。

教室の子どもたちは俊一が真剣に綴っていたことを知っており、教室は発表するにあたってハードルがいくらか低くなっていたと考えられる。

発表したときのことを俊一は次のように話した。

俊一　全員顔は、まあまず真剣にはなってくれてたんですよ、笑ってる感じもないし。なんかうちのクラスって、けっこうヤンチャじゃないですけど、まあちょっとお調子者みたいなメンバーもいたにもかかわらず。でもその辺のメンバーがむしろ、しっかりこう、入ってくれてた。（インタビュー２０２０・12・５）

「ヤンチャ」だった子どもの一人、yは一見おどけているふりをしながら「自分は涙が止まりませんでした。これをきいて自分も強くなろうと思いました」（筆者記録、２０１３年２月、日教組両性研レポート）と発表し、その後綴りはじめた。(3)「返し」をもらって、俊一はクラスのみんなが受けとめてくれたことが「かなり…力になりました」（俊一、インタビュー２０２０・12・５）とふり返る。

このように、〈発表する／聴く、「返し」をする〉という実践を通して、子ども相互のはたらきかけが動きはじめる。エンパワーメントは俊一と周囲の子どもたち双方に起こったと考えられる。

「私は空気でいい」と思っていた：彩子の場合

彩子は乳幼児期をDVのある環境で過ごしている。母が子どもを連れて家を出たとき「姉は7歳で、私は3歳だった」（彩子、2016年作品）という。他県からの転居で経済的に大変だったが、公的な支援は「なんにも受けていない」（彩子、インタビュー2020・12・21）そうである。

教職員は10月になって文章を読むまで、彩子の生活背景についてはほとんど分からず、対応に困惑していた。授業中はただ黙って座っていて、声を聞くことはめったになかった。筆者は2年次から彩子のいる学年に所属し、3年次で初めて国語を担当した。3年生のはじめの頃の授業のようすを彩子は次のようにふり返る。

（授業中、最初はどうだった？）

う〜ん、そうですね、その場に居づらいというか……私はここにいていいのかなっていう……やっぱり否定する気持ちの方が強かったんで。なんか、一番クラスの中で浮いてるんじゃないかっていう、気持ちの方が強かったです。

（それ、きつかったね）

きつかったですね。もうなんか、私は空気でもいいけんが……

（自分が？）

はい。

（自分が空気みたいに見えない存在？）
空気になってもいいかなってていうぐらい、その、なんだろ、自分の性格も好きじゃなかったんで
……（彩子、インタビュー2020・12・21。カッコ内は筆者による問いかけ、……は時間が経過していることを表す、以下同じ）

彩子は「一番クラスの中で浮いてる」「私は空気でもいい」と思い、「自分の性格も好きじゃなかった」と話した。

6月末に、筆者は国語の授業で朗読劇をした。(4) 彩子はどこか自分の物語の世界を持っているように見えたし、同じ班の子どもたちの力を借りるのが何より有効に思われたからである。はじめはほかの子どもに引っ張られていたが、最後には、彩子は主人公の会話を一手に引き受けて朗読劇を演じた。子どもたちは「すっげー、彩子ちゃん」と賞賛と拍手を送った。この朗読劇は自分が「成長」する「きっかけ」になったと彩子は話した。


（朗読劇のこと覚えてる？）

うんうんうん、はい覚えてます！

（そうそう、小説を読んだ）

なんか私が女の子のセリフかなんかを言ったときに……どんなふうにだったかな……なんか、と

りあえずうれしかった覚えはあります。

（あの頃から彩子さん気持ち変わったりしてなかった？）

確かに、あのときからと思います。…みんながみんな私のことを嫌いじゃないいんだなって思って。私自身が（私を）好きじゃないから、みんなもどうせ私が好きじゃないだろ、みたいなことを考えこんでしまってて、…私は、完全に嫌われてるわけじゃないいんだなって。それから、その、みんなのこともちゃんと見るようになって、自分のことも見るようになって……成長というか、したきっかけですかね。（彩子、インタビュー2020・12・21。カッコ内は筆者による問いかけと補足）

彩子はそれまで、「私自身が（私を）好きじゃない」「私は、完全に（みんなから）嫌われてる」と思い、「みんなのことも」「自分のことも」見ないようにしていたのである。「自分の父親があんな人だから、私もそういう血が入っているんだなって。私もそうなのかなって思って」（彩子、インタビュー2020・12・21）いた、そう思っていた時期は「長かったですね」「ホントはつらかった」（同上）とふり返った。

今書かなきゃ変われない

暮らしを綴る実践は10月はじめに始まった。筆者は改めて自分にとっての「向き合うべきこと」を話し、自分にとって一番意味のあること、向き合うべきことを綴ろうと呼びかけた。

彩子　そのとき、先生の授業で、あ、今しか書くチャンスがないのかもしれないと思って。で、中学校最後で、このクラスにももう出会えないだろうなって思って。そのときに、ああ今書かなきゃ変われないって思った。（インタビュー２０２０・12・21）

彩子は「今しか書くチャンスがないのかもしれない」「ああ今書かなきゃ変われない」と考えた。「今」とは、「中学校最後」の「このクラス」にいる「今」である。

参考作品には俊一の文章「俺が嫌いだった父」（全文は巻末参考資料3）を読んだ。そのとき、「本音のことをちゃんと書いてるんだなあ」「自分にも書けないことはないかもしれない」「書けるってすごいなと思っ」（彩子、インタビュー２０２０・12・21）たという。

「**自分もその……書くタイミングがほしかったんだなって思います**」（彩子、インタビュー２０２０・12・21）と話したように、彩子は「書くタイミングがほし」い、書いて自分を変えたいという気持ちを持ち続けていたようである。そこに、この国語の授業でこのクラスにいる今がチャンスだと思えたこと、参考作品を読んで自分にもできるはずだと考えたことが重なり、彩子は自分に向き合おうとしたと考えられる。

「書いてくれた自分にありがたい」と思う

彩子が自分を変えたいと思っていたことは次の言葉からもうかがえる。

（当時綴ったことを、今どう思う？）

そのときに、ゆって、変われたことが今もう、すんごい感謝というか、そのとき勇気をふりしぼって書いてくれた自分にありがたいなって思ってます。もうあの……多分あのとき書いてなかったら、高校で気づくかずっと気づいてないかだと思うんで。

（自分が大事だってこと？）

そうです。

（自分を嫌いにならなくていいってこと？）

そうです。あと、周りの人も信頼してなかったでしょうし、多分職場でも引きずってるんじゃないかなとも思うんで。あともう、家族とも、すごいカベを今はなくして生活できてるんで。（彩子、インタビュー２０２０・12・21。カッコ内は筆者による問いかけ）

ここにはその後発表したことも含まれるようだが、彩子は「書いてくれた自分にありがたい」と思うほど「変われた」ことや「気づい」たことがあると話した。

ではまず、綴ったことでどう変わり、何に気づいたのかに注目しよう。

綴る対象に選んだのは父である。彩子はなぜ父を選んだのだろうか。

彩子　全く父のことを覚えていなかったんですよ。初めて会ったのが、小学校の３年生、４年生だったんですけど。…母と姉から聞いた言葉だけで、もう最悪っていうイメージを持ってたんです。最低な、働きもしないで、もう完全に否定というか。ただその、題材にする人を考えてみたら、私の父のことをあんまり考えたことがなかったなと思って。（インタビュー 2020・12・21）

「最悪っていう」父のイメージの根拠は「母と姉から聞いた言葉だけ」である、これまで「父のことをあんまり考えたことがなかった」と思い、彩子は父を選ぶことにしたという。

当時彩子は、改めて、父のことを姉に尋ねたそうである。

彩子 お姉ちゃんにも、離婚する前に、アニメかなんかのものをプレゼントしてたりして。ちゃんとお父さんとしてのこともやってたんだなって知って。……書いていくうちに、私の父は最低だけど、父の両親もそういう人だったんじゃないかなっていう考えにいったんですね。血筋かもしれないと思って。父が悪いだけじゃないのかもしれないと考えがいって。ずっと父を最低だ、あの人嫌いっていうイメージだったのが、ちゃんと父親のような姿もしてるし、ちゃんと、子どもを好きでいてくれてるんだなって。（インタビュー 2020・12・21）

綴っている途中、「私の父は最低だけど」「父が悪いだけじゃないのかもしれない」と考えるようになったという。

父のイメージがこのように変わったことは、彩子にとってどんな意味があったのだろうか。彩子は父と自分との間には切っても切れないつながりがあり、そういう自分は父と同じように「最低」で、父と同じように周りからは「完全に嫌われてる」と思っていた。彩子が変わるには、その父のイメージが変わる必要があった。改めて父のことを尋ね、綴ることで父を対象化し、父へのイメージはよい方向に変化した。彩子は父を対象に選び父に向き合ったことで、以前よりも自分を肯定的にみることができるようになったと考えられる。

綴った後、はじめはほんのひと言、ふた言からだったが、彩子は自分から教員に話しかけたり、笑顔をみせたり、国語のプリントの隅にメッセージを書いてきたりするようになった。総合では演劇コースを選んでいたが、舞台に立つ役を希望して練習に励んだ。(5) 朗読劇をした頃から少しずつ、綴った頃からは明確に、彩子は秘めていた力を発揮しはじめている。彩子にはエンパワーメントが起こっている。

発表したことで本音が言えて変わる自分を実感できた

彩子の承諾を得て、文章はすぐに、学年の全部の教員に読んでもらった。

一方国語の授業では、12月に「どんな働き方ができるようになったらいいだろう」をテーマに、教材文を読んだ後意見を交流する学習をはじめた。(6) 子どもたちは2年生で一度、身近な人の仕事と暮らしを取材して綴っている。授業では、そのときの経験と重ねて、考えたことを文章にするように伝えた。彩子は次のように綴った。

私の母は離婚していて、前までは一人で私と姉を養っていました。そのときの母は、工場で働いていたのですが、夜遅かったときもあったので心がいたかったです。（彩子、２０１６年12月「どんな働き方ができるようになったらいいだろう」の授業で）

筆者は次の授業までに急いで二つのことをした。一つは、彩子が綴った文章を母に知らせ、母と話したことである。もう一つは彩子にやや強く発表を促したことである。


（お母さんのことを授業で発表したこと覚えてるかな？）

ありましたね。はい、覚えてます。

（彩子さんがちゃんと自分の声で発表したよ）

うん、しましたね。

（私が無理やり発表させるとか思ってなかった？）

いえいえ、そんなことは。まず、自分が言うっていう気持ちがなかったんで。背中を押してくれた感じもあったんで。

（みんなが？　私が？）

先生も。
（みんなも押してくれた感じ？）
そうです。（彩子、インタビュー２０２０・12・21、カッコ内は筆者の問いかけ）

当時彩子には「言うっていう気持ち」はなかったが、「先生も、」みんなも、「背中を押してくれた感じ」がしたという（傍点は筆者）。発表したときは「ちゃんと聞いてもらえているんだな」（彩子、インタビュー２０２０・12・21）と感じたそうである。

ここまで、文章を綴った10月から12月上旬までをたどってきた。彩子のクラスでは進路公開は12月下旬にはじまり、何人かの発表に続いて彩子も発表した。彩子はなぜ発表することを決めたのだろうか。また、発表したことで彩子にはどんな変化があったのだろうか。

進路公開文集に掲載した文章に、彩子は次のように綴っている。[7]

私は、進路公開で自分の気持ちを皆に伝えました。始めは、皆が私のことをどう思うかとても不安でした。でも、勇気を持って発表したら、何人も返しを発表してくれました。また、返しのつづりもたくさん書いてくれました。その中には、将来のことをほとんどの人が応援してくれてることや、もっと私に、3年以外にも楽しんでほしかったこと、そして、そのことで同じクラスだった人で後悔している人がいたことなどが書かれていて、すごく嬉しかったです。（彩子、２０１

7年2月作品「嫌いな自分と変わる自分」『進路公開文集』より一部抜粋）

インタビューでは、発表したときのことを次のようにふり返る。

彩子　あれが私の今までの一番の本音というか、今まで自分が思っていたことを正直に話したときかなって思います。……みんながこっちを見て、ちゃんと話を聴いてくれて。その……緊張もあったんですよ。なんか嬉しいっていう感じもあって。初めて、伝わったなあって思って。（インタビュー2020・12・21）

彩子が発表することを決めたのは、6月の朗読劇での経験以来、ステップを重ねながら少しずつ自分を表現し続け、今のこのクラスならきっと受けとめてもらえると思えたからだろう。発表したことは彩子のエンパワーメントになっている。

ところで、高校3年生になって、就職がなかなか決まらなかった状況の中で、彩子は「このままだったら父と同じようになってしまう」（彩子、インタビュー2020・12・21）と不安を感じたそうである。幼い頃から抱き続けていた不安などの感覚は、一朝一夕にぬぐい切れるものではないだろう。自信を持てず、空気のような存在に思えた自分と、彩子はこれまでも闘ってきた。母と姉は、そんな彩子を側でずっと支えている。

4　学校だからこそできること

このように、子どもが学級集団の中でDVについて綴り、教員がその表現をていねいに受けとめることは、子どもがDVの被害を乗り越え、エンパワーするための有効な一歩になりうると考えられる。恵の母はインタビューをしたその日まで「子どもが寝てから」(恵の母、インタビュー2020・12・26)のDVに恵が「気づいているとは思ってなかった」(同上)という。しかし、身近な人の暮らしに目を向け一番向き合うべきことを綴ろうと教員が呼びかけたとき、母が知らないと思っていた出来事も含め、恵はその一つひとつを綴った。そのことは恵のエンパワーメントにつながった。

「綴る」ことは経験を対象化し、子どもの自己認識や他者への認識、社会認識を変える可能性を持っていた。あるいはまた、綴られた文章が学級集団で共有されるとき、心理的なカウンセリングによる回復とは異なるエンパワーメントが可能になった。国語と総合で連携し学級集団を通じて行われた実践は、周囲の子どもにもエンパワーメントをもたらす可能性があった。これらは学校だからこそ可能なことだといえよう。

しかし、子どもの表現を教職員が受けとめ理解することができなければ、それもまた暴力となる。その暴力を乗り越えるうえで、人権教育を基盤にした学年や学校の協力体制は重要だろう。さらに、教職員がジェンダー平等の視点を持つことが重要である。DVは経済的暴力やアンペイドワークの強要を含め多様な形態で行使される。そのため、教職員にジェンダー平等の視点がなければ、綴られていてもそれがDVと認識できないことがある。加えて、学校にはジェンダー不平等の再生産を担っている側面もあることから、そのことがDVを受ける子どもたちをさらに傷つけることもあると考えられる。しかしながら、学校ではジェンダー平等に向けて多くの実践も行われている。不十分な面があるとはいえ、学校には、学校だからこそできることがある。DVを受ける子どもの状況を理解し、そこで学ぶどの子どもにとっても学校が安心して過ごせる場であるために、ジェンダー平等の視点は欠かせないものである。

残された課題は多い。長年子どもの文章を読み子どもと接してきた経験から、筆者には女子への影響が深刻と思われるが、それについては十分明らかにできなかった。それは今後の課題としたい。

学校では近年、外部機関と連携して動く事例が増えた。DVにかんしてもその意義は大きいだろう。しかしながら、それと同時に学校にもできることがある。子どもの表現にこだわり、子どもの話をよく聴くことは学校の基本である。そのとき、教職員がジェンダー平等の視点を持っていることの意味は大きい。

【注】

（1）DVの場面を綴っていた子どもの中で、3人は現在十分安全と考えられないため依頼できなかった。

（2）アンケートに対して恵は「作文で親の仕事や家庭のことなどで、書く前に聞き込みなどをしないといけなくて、聞き込みをすることによって今まで知らなかったことなどたくさん改めて分かったり知ったりすることができた」

と答えていた。２年次は母の仕事を取材して綴っている（筆者記録、２００７年２月「日教組全国教育研究集会日本語分科会レポート」）。

（3）「店長をしていた時のお父さんはめっちゃいそがしそうで、あまり家にも帰って来ずに車の中で寝ていたそうです。／久しぶりに帰ってきたと思ったら、あまり元気がなくすぐ寝てしまいました。その時ぼくはあまり状況が分かりませんでした。でも後からきいたらリストラされたそうです。／そんなお父さんにぼくは、「今日仕事行かんと？」とか聞いていました。この言葉を聞いても笑って、休みになったと言っていたお父さんを思い出すと涙が止まりません。」（y、２０１１年作品、一部抜粋） 中学校に入学する前、yの父はリストラされたあと急死された。

（4）教科書にある小説を４、５人で構成する９つの班で分担し、それをつないで上演した。なるべく均等に分担するが、班独自に工夫していいと伝えた。

（5）彩子は選択コースの総合では演劇を選んだ。同じコースの子どもたちと一緒に練習を重ね、文化祭のステージでセリフの多い人物を見事に演じた。

（6）教科書教材を読んだ後、筆者の友人が民間の会社で育児時間を取得するまでの闘いの記録「『女の育児時間』の場合」（村上典子 １９８９）をもとに、筆者が作成した教材文を読んだ。労働についての現状を広く知り、自分の暮らしと重ねて考えた。

（7）彩子はそこでまた新たに綴った。タイトルとその内容からは「嬉し」い気持ちが伝わってくる。

第5章

「綴る」教育実践とジェンダー平等

1　アンペイドワークも労働だと知ることで起こる変化

ペイドワークだけが労働という思い込み

私たちはふだんあまり深く考えることもなく、ペイドワーク（paid work　有償労働）だけを思い浮かべて労働だと思っていることが多いのではないだろうか。学校ではキャリア教育の重要性がいわれるようになって久しいが、キャリア教育もまた、ペイドワークを労働の中心に置いている。

すでに述べたように、筆者は中学生が労働を綴った文章を、アンペイドワーク（unpaid work　無償労働）とペイドワークという二つの労働に注目して分析した。労働を取材するように指示されたとき、中学生は取材の中心には全員がペイドワークを選んでいた。女子がアンペイドワークをよく意識しその価値も認めている一方で、男子はそうではなかった。分析の結果は、中学生の時点で、性別分業観と性差別意識を「当たり前」と受けとめている子どもたちがいることを示唆していた。その中で、学校では今も、ペイドワークだけが労働だという見方を子どもに伝えている。

家事、育児、介護などのアンペイドワークは暮らしになくてはならない、一日も欠かすことのできない大切なケア労働である。労働について学習するときは、この二つがどちらも労働だということを教職員も子どもも十分に認識する必要がある。それほど難しいことではない。アンペイドワークも労働だよと子どもに伝えるだけでよい。

母の仕事を綴ることで社会の仕組みに目を向ける

ところで、文章には暮らしの中で起こった変化がそのまま表れることがある。1999年のことである。一人が「お母さんを取材するの、難しくなったし」とつぶやいているのが聞こえた。いったい何があったのだろう。「どうしたの？」と尋ねると、「夜も仕事に行くようになって、お母さん大変になった」と返事が返ってきた。1999年は、女性の深夜勤務の制限撤廃が施行された年である。それを思い出して筆者は「そのことを、そのまま綴ればいいんじゃないかな」とアドバイスした。子どもは母を取材対象に選んで、暮らしに起こった変化を詳しく綴った。家事・育児・祖母の介護に深夜勤務が加わって、母の負担は一層大きくなっていた。教室では文章を読んだ後、労働基準法改正についての資料（女性の深夜勤務の制限撤廃）を補った。このように、労働と暮らしを綴った文章からは、法律や制度などの社会の仕組みが暮らしに与える影響をはっきりと読み取れることがある。教室の、目の前にいる子どもの暮らしは、当然のことながら社会の仕組みと直結する。暮らしを綴ると、それが文章に表れてくる。

2000年には新たな課題が生まれた。すでに述べたように、2000年の実践は、国語と総合で労働というテーマを正面から取り上げ、学年の教員が時間をかけて話し合い、協力して創りあげたものである。発表し交流するごとに子どもたちが元気になっていくのが感じられ、実践したことの意味は決して小さくはなかった。けれども、発表を聞きながら次第に、詰まるところ「つらいこともあるが、父や母は負けずに頑張って働いている。だから自分も頑張ろう」と子どもに語らせているのではないのか、理不尽なことがあってもがまんして働こうと伝えているだけではないのかと考えるようになった。これでは、母や父の過重労働やアンペイドワークの軽視を黙認し、ただ伝えてしまうことになる。ではどうすればよいのか。筆者はその答えを探しはじめた。

それから、筆者は労働組合が主催する研修会をはじめ、学校以外のところに以前より頻繁に出かけた。総務省や組合や研究者が作成した資料や書籍を読み、ジェンダー平等教育のための教材集を手に入れては実際にやってみた(1)。やがて筆者は、序章で紹介したような実践を行うようになった。

資料を補うことで視野を広げ、教室にいる子どもたちが一緒に、綴ったその子どもの暮らしを通して働き方について考えるのである。文章には、取材して気がついたことや考えたことも綴られる。幸さんの隣のクラスでは、子どもの取材に対して母は「ここ(自分の職場)では若い人たちはとても子どもは産めそうにない」と答えていた。彩子さんのクラスでは、アンペイドワークを全て母任せにしている父に抗議したことを綴った子どもがいた。パートで働く母の待遇の悪さや賃金の安さに腹を立てる子どもは少なくなかった。教室では、それらを読んで交流した。

労働とジェンダーにかかわる課題が浮かび上がる

「綴る」教育実践は、日常の中にある課題を子どもの眼前に改めて差し出して見せる。労働をテーマにして綴れば、そこには労働とジェンダーにかかわる課題が浮かびあがる。綴ることで、子どもはそれまで「当たり前」と思っていたことに疑問を持ち、母がほとんどのアンペイドワークを担っていることや、ペイドワークで「二流」の扱いを受けていることなどについても考えはじめるだろう。性別分業がもたらしている課題について考えはじめるだろう。

文章を読んで交流することは、子どもが自分の暮らしと社会の仕組みとをつないで考えるための新しい入り口になる可能性を持っている。20年余り続けてきた実践の結果は、アンペイドワーク（家事や育児や介護などのケア労働）を視野に入れた教育実践、「母の仕事」を取材して綴る教育実践、そして綴った文章を学級集団で交流する教育実践が、ジェンダー平等を目指す教育実践のひとつになる可能性を示しているといえるだろう。あるいはまた、子どもは、ジェンダー・バイアスの再生産を続けている学校についても、おかしいと思うことが出てくるかもしれない。

2　労働とDVはひと続きの問題

子どもの文章に表れるジェンダーに基づく「暴力」

子どもが綴った文章は、DVは多様で、複合的で継続的であることを伝えていた。経済的に有利な立場が利用され、女性（母や女子）に対しては、アンペイドワークの強要という暴力をふるうこともあった。子どもは、長期間暴力にさらされることが多く、面前DVの影響は深刻だった。

調査をはじめると、労働についてのインタビューをしていたにもかかわらず、当時DVがあったことが分かった事例が複数出てきた。文章を読み進めるにつれ、やがて、労働とDVはひと続きの問題として浮かびあがってきた。多くの子どもにとって、父のペイドワークは母のそれよりも「価値のある」「重要な」「尊敬できる」ものに見えている（あるいは、そのように扱われ、語られる）。ペイドワークを通じて父は家庭の中で尊敬される立場を獲得していたが、母はそうではない。待遇や賃金の格差は、家庭では父と母の収入の差になる。父は長時間働くことが多いので、家事も育児も介護も母一人の肩にかかることは、当然のようにみなされる。このように不均衡な暮らしのありようでは、父と母が対等で尊重しあえる関係でいることはなかなかに難しい。父と母の間には支配とコントロールの関係が醸成されやすい。子どもの文章には、労働を綴ってもDVを綴っても、ジェンダーに基づく「暴力」(gender based violence) が表れているということができるだろう。

インタビューでは恵さんが「お父さんが風呂に入ってるすきに」「今、出らんと（出ていかないと）ヤバい」（恵、インタビュー２０２０・12・26。カッコ内の補足は筆者）と決心して「家出」をしていたことが分かった。俊一さんは自分で父に会いに行き、彩子さんは一段ずつステップを上りながら自分を表現した。もちろん、綴ったからといって物事がすぐに解決に向かうわけではない。しかし、子どもは自分を良い方向へ変えていきたいという意志と力を内に秘めていた。DVのことを綴り、教員がそれを受けとめることができれば、子どもは経験を対象化し、乗り越え、エンパワーすることが可能だった。

学校はジェンダー・バイアスを再生産していないか

しかし、子どもの表現を教職員が受けとめることができなければ、エンパワーメントはそこで止まってしまう。学校ではこれまでに、読む側にジェンダー平等の視点が足りなかったり、DVについての理解が進んでいなかったりしたために、綴られているにもかかわらず気づかないで「スルー」するか、結果的に放置してきたことがあるはずである。教職員にジェンダー平等の視点がなければ、見えるはずのものも見えない。DVを受ける子どもの状況を理解し、そこで学ぶどの子どもにとっても安心して過ごせる場であるために、学校ではジェンダー平等の視点は欠かせない。

子どもたちは、学校では、学校にあるジェンダー・バイアスにさらされる。DVを受けた子どもも同様である。性別役割意識の刷り込みをはじめ、学校では女子に対して沈黙、周辺的位置づけ、自尊心の低下の方向へと力が働いており（木村涼 1999、木村育 2004、亀田 2000 ほか）、それを克服しようと日本の各地でさまざまな実践が展開されているが、DV被害を受けた子どものためにも、その展開がさらに進むことが望まれる。子どもは、学校では少し違う自分でいられることがあるだろう。DVにさらされているからこそ安心して過ごせる場であるように、学校はジェンダー・バイアスを再生産していないかどうかを問い続けていきたい。

DVについての理解は、学校ではまだ不十分な面がある。ジェンダー平等の視点なしにDVを理解することは難しいが、2000年を少し過ぎた頃から、学校ではジェンダーについて学ぶ機会が急速に減った(2)。筆者も2003年から2018年に退職するまでの間、ジェンダーについてもDVについても、学校の研修などで学んだことは一度もなかった。

今もなお、教職員がＤＶに気づくことはそれほど多くないだろう。ほとんどの子どもは文章ではＤＶのことを「ケンカ」と表していたので教職員は「スルー」してしまいやすいうえ、ＤＶのことを知られたくない、話したくないと思う子どもはおそらく大勢いるはずである。教職員はＤＶに気がつかないまま、子どもの行動を単に「問題行動」とだけ見てしまったり、「逸脱」とみなして罰や排除の対象にしてしまったりすることがある。また、ＤＶがありそうだと思っても、実態とかけ離れた加害者像に影響されたりして、現実がよく認識できないこともある。

しかし一方で、教職員が情報を共有し複数で対応することには一定の効果があった。また、ＤＶに気づいていなくても学校の中で子どもの感情の解放を受けとめることは可能だった。国語と総合とで連携し学年で協力して行う「集団づくり」の実践もまた、学校だからこそできることである。

近年は子ども虐待についての研修の機会が増え（李／谷口 2021）、ＤＶについて教職員の理解が進むことへの期待も高まっている（加藤 2019）。教職員がジェンダー平等の視点を持ち、ＤＶについての理解を深めれば、ＤＶを受ける子どもへの理解は大きく前進するだろう。同時に、教職員にはすぐにできることもある。「男は強くたくましく」「女は優しく従順で」などの固定的な「らしさ」を子どもに（自分にも）押しつけていないか、性別役割意識を子どもに（自分にも）押しつけていないかなど、日々の行為を問い直すことである。学校が暴力を生む「土台」にならないために、またおそらく、ほかのどの子どもにとっても学校が居心地のいい場所になっていくために、それらはきっと役立つだろう。

3　学校におけるジェンダー平等教育の可能性

暮らしを綴る実践は子どもの力を信じて行う実践

ジェンダー平等の実現に向けて、学校ではどんなことができるのだろう。これまでにも多くのことが提案され実践されてきているが、最後に、暮らしを綴る教育実践に焦点を当てて考えてみたい。

労働を綴りそこに目を向けると、一人ひとりが対等で大切な存在として扱われていない現状もまた見えてくる。では、どうであれば、アンペイドワークとペイドワークをバランスよくこなしながら人間らしい暮らしができるのか。それを子どもたちと一緒に想像し、考えてみたい。国内外の制度や法律や状況を広く知って視野を広げたら、想像はより豊かなものになる。

労働の在り方は、DVを容認する社会の在り方とつながっている。学校の「かくれたカリキュラム」は性別役割意識を刷り込むのと同時に、優位―劣位関係、支配―被支配関係をもまた子どもに伝える。これらはDVを容認する社会の「土台」になりうる。DVの加害者や被害者を生み出さないためにも、教職員にも子どもにも、労働やジェンダーについて学ぶ機会が早くからあるといい。そもそも、小学校でも中学校でも高校でも、大学（特に教員養成課程を有する大学）でも、学習内容のひとつにジェンダーを加えることはすぐにできるはずである。[3]

子どもにとっては、どんな実践であれ、主体的に学べることが重要だろう。暮らしを綴る実践でいえば、何もしないでただ待っているわけではないが、待つことは忘れてはいけない。子どもは途中何度も立ち止まりながら、一歩踏み出すかどうかを自分で決めて先へ進む。ゆっくりだったり逆走したり大回りしているその歩みを、教職員は見守りながら待っていたい。

教職員は広く、学校の外にも目を向けていたい。ジェンダー平等のために教育にできることはさまざまあり、それを実行している国があるのに対して、日本で行われてこなかったのはなぜなのか。時間をかけ協同で創りあげていた教職員の協力体制を潰し、教職員同士を切り離してきたものはいったい何なのか。学校でこんなにも「自分で考える」ことが奪われていていいのだろうか等々、批判的に、より広い視野で考えることは、教職員を鍛えてくれる。そのようにして行う実践は、おそらく、教職員にとっても楽しいものになるだろう。暮らしを綴る実践は、子どもとタッグを組んで行う実践である。教職員同士もタッグを組み、子どもの力を信じて行う実践である。できなかったことはたくさんあり、申し訳なかったという思いもまた山ほどあるが、暮らしを綴る実践は、筆者にとってはとても楽しい、子どもたちからパワーをもらい続けた実践だった。

学校は今も、教職員は自分では意識しないままに、ペイドワークのみが労働であり、それを中心的に行う男性の労働のみが価値あるものだという価値観を再生産しているかもしれない。しかし、工業社会から知識社会への転換が進んでいる現在、それではすでに立ち行かなくなっている。より良い未来を探るためのひとつの方策として、暮らしを綴る教育実践を行うことは、現在の教育課程の中でも可能である。綴ることで子ども自身がジェンダー・バイアスに気づき、それについて考える教育実践は可能である。

【注】

（1）総務省、労働政策研究・研修機構、日本労働組合総連合会（連合）、国立女性教育会館（NWEC・ヌエック）などがまとめた統計資料、各年の『両性の自立と平等をめざす教育研究会資料』（日本教職員組合）、『じぇんだぁ・ふりぃBOX 男女共生への第一歩を踏み出すための教材集』（大阪府同和教育研究協議会、1998年）など。忘れられない書籍として『学校文化とジェンダー』（木村涼子、1999年）、『「女の子」は学校でつくられる』（マイラ・サドカー、デイヴィッド・サドカー、川合あさ子訳、1996年）、『女が働くこと 生きること』（中島通子、2002年）など。

（2）当時、学校で進められていた「ジェンダー・フリー」教育に対してバッシングが起こった。国は学校に対して、性教育では「性交」を扱わないこと、「ジェンダー」という用語は使用を避けることなどを指示した。その影響は現在もなお続いている。詳しくは『ジェンダーフリー・性教育バッシング』（浅井春夫ほか編、2003年）、『ジェンダー・フリー・トラブル』（木村涼子編、2005年）などを参照されたい。

（3）実際に、学校でジェンダーについて学んでいる国はいくつもある。アジアでは台湾がよく知られている。日本では、近年はデートDV防止教育などの実践もはじまっているがまだ多くはない。

資料① 2002年作品

「親と子の関わり」

洋（仮名）

（2002年10月22日）

「※※はつまらない。」と今僕は思っている。学校もつまらないから、行く気がしなくなってきた。大体、何故僕は※※中に通わなきゃいけないのだろうと、転校してきてから、ずっと思っていた。そりゃあ、たまには楽しいことや面白いことだってあるけど、やっぱり何か物足りない気がする。

僕が※※中に通わなきゃいけなくなったのは、百%中の百%父のせいだと僕は思ってる。学校がつまらないのも…。

小学校のころは、△△小という学校に通っていた。小学一年生くらいから、小学4年生のころまでは、学校も楽しかったし、仲のいい友達も沢山いたし、自分の家もちゃんとあった。けど、僕のバカな父は、借金をしていて、家の金も払えなくなったので、破産して、家を売って、□□に転校しなきゃいけなくなった。転校しなきゃいけないと親に言われたときは、友達と別れるのが辛くて、僕の目から涙が止まらなかった。父は、そんな僕を見て、どう思っているのだろうか、辛い思いをさせて悪かったと反省してるのではないかと思っていた。そして、寂しさに包まれ、不安を持って、□□小に転校した。最初は知らない人ばかりで、すごく緊張した。でも、その時は、もうこの学校に来てしまったんだし、「仕方ない。この学校で頑張って生活していこう。」と思って頑張っていた。

小学五年生から、中学二年の一学期までの長い時間をかけて、何でも言い合えるような親友もできた。他の生徒達も、いい人ばかりで、特に仲の悪い人もいなかったので、毎日楽しく学校生活を送っていた。部活は、バドミントンをやっていた。仲の良い友達は、ほとんどバドミントン部にいたので、毎日部活も楽しくて、めったにサボったことはなかった。バドミントン部の先輩は、ものすごく強かったので、僕は、そんな先輩に憧れて、中二の夏休みの部活は、ものすごく気合いがあった。けど、夏休み、「やるぞっ。」と思って部活に行ってたけど、ある日、いきなり家に借金取りが来た。

父が戸を開けて外へ出た。すると父が、その人達に「さっさ金返せ。」とか何とか言われてた。「あのバカ親父、破産したのにまた借金してたのか。」と思い、本当に殴り飛ばしてやりたいくらい腹が立った。僕と兄と母は、ずっと前から父の暴力で苦しめられていたので、その仕返しもしたくなった。

僕と兄が自分達の部屋にいると、隣の部屋で、父と母が少し小さな声で何かをぼそぼそ話してる。僕と兄は、襖をそっと開けて、話を盗み聞きした。すると、母が父に言った。「前に転校することになった時だって、洋はものすごい大泣きしてたのに…、今度は何するか分からんばい。あんたを殺すかもしれんばい。」…。父は、しばらく黙りこんで……「うん…。」と、頷いた。

僕は、殺しはしないけど、それくらい自分が腹が立ってるのが分かった。僕はその部屋へ行った。みんなが黙りこんで、しばらくして父が言った。「※※に転校するね。」僕は、「このクソ親父は自分の子が可愛くないのか。子供を何だと思ってるんだ。」と思った。あっち行ったり、こっち行ったり、何だか頑張って生活してる自分がバカらしく思えた。「せっかく学校楽しくなったのに、良い友達もできたのに。」悔しくて悔しくてたまらないのに、何故か涙も出なかった。

「どうせ転校したくないと言っても転校する運命

だ。」と思って、僕は素直に「うん。転校する。」と言った。父は、ホッとしたような顔をした。そんな父を見て、僕は怒りを堪えていた。「父さんは全然子供なんて大切じゃないんだろう。」僕はそう思うと、けっこう不幸な気持ちになった。借金して家族を苦しめてるくせに、父は偉そうなことを言ったりする。※※に転校してきて一年くらいになる。もう、とっくに学校には慣れてるけど、つまらない。だからといって、学校へ行かなくて良いとは思ってない。僕達をこんな目にあわせた父を許さない。僕は、こんな父親にだけはなりたくない。

（2003年2月7日）

僕の母は、仕事がものすごく忙しいらしく、毎日家に帰って来たら、「はあ、疲れた。」と、ため息ばかりついてます。母が働いているのは、やっぱり生活が苦しいからです。本当なら、母が働かなくても十分な生活ができるくらいの給料を、父はもらっているはずなのに、遊びか何かに使ったりしているみたいで、家にはほんの少ししか給料を持ってこないのです。

何で僕の父はあんなに自分勝手な人なんだろう。短気だし、暴力はふるう。しかも空手やってて強かったらしいし、筋肉モリモリだし、背が高いので、怒るとすっごく怖い。父というのは、みんなそんなもんなんだろうと、小さいころはそう思っていました。

そんな父に比べて、母は息子思いで、自分がほしい物もめったに買わないで、僕たちにうまいメシを食べさせたいみたいです。あまり無理しなくていいのにと、よく僕は思います。

あんなに自分勝手だった父も、なぜか最近は、おとなしくなってきました。やっぱり僕たちに迷惑をかけてばかりで、悪いと思っているのだろうかと思い少し見直しました。が、やっぱり短気なので、おとなしいのも、そう長くは続きませんでした。

今、僕と父は、いっしょに住んでいませんが、たまに家に父が来たりします。僕は、ちょっとまえまで、父のことが大嫌いでしたけど、何故か、別に会いたくないとは思っていませんでした。でも、僕の母と兄は、父が家に来ると、「何で来るんだよ。」って感じのことを、二人でブツブツ言っています。僕は、父のことが嫌いだったのですが、そういう母と兄の父を嫌がる気持ちが、何故か理解できませんでした。

もしかしたら、父と母は、もうすぐ離婚するかもしれません。此の頃、母と兄は、よくそんな話をしています。僕は、そのことに関しては、別にどうでもいいと思っています。大事なことなのに、どうしてそう思っているのだろう。

確かにちょっとまえまでは、父のことが大嫌いだと思っていました。けど今は考え直しました。母が仕事をしなきゃいけなくなったのは父のせいだし、生活が苦しいのも父のせいだ。けど、そんなバカな父親が僕の父親だ。たった一人の父親だ。離婚しても、一生会えなくなる訳でもないだろうし、たった一人のバカな父親でも大事にしないといけないと思いました。母から見たら、僕だって、バカな息子かもしれないけど、しっかり育ててくれている。だから僕も、たった一人の母、たった一人の父を、大切にしたいと思う。いや、大切にしなきゃいけないと思う。「たとえバカでも。」

資料② 2005年作品

「無題」

恵（仮名）

私は、父・母・姉の4人家族です。しかし父母のあいだででき事があり、現在私は母と2人で生活しています。

このような生活になったのは、父が原因なんだと私は思っています。最初にはじまりだしたのは、私が小学校6年生の時です。母は父とケンカし、母は家族誰一人にも連絡もせず、とれず家出をしました。その時私と姉は何も全くしらず「どうして?」て思うままでした。その日は夜もずっと父の車で祖父や祖母、私と姉で探しつづけました。もちろん母の友達だって一緒に探してくれました。夜中になってもずっとずっと探しつづけました。

しかし、一時家に帰る事にして、家にいた時、車の音が外から聞こえたので私と姉はすぐさま玄関にかけよりあわてて外に出ると、母が車から泣きながら走って私と姉のもとにかけより「ごめんね…」といって私と姉を強くだきしめました。何が何か分からなかったけど、涙がこぼれ、涙がとまりませんでした。そのあと少しおちついて家の中で私と姉に話をしました。

私の父は昔から金づかいがあらく、しゃ金(ママ)もしていました。お母さんが一生懸命働いたお金もすぐ母にかりてあそびや母以外の女の人に使っていたそうで、母がたえられなくて出ていったそうです。

当時は私は小学生だったので、中学生である姉にいろいろ話をしていました。

これをきっかけに父は仕事が終わるとすぐに家に帰宅し母の手伝いをしたりして頑張っていました。そういう生活は私が中学二年生の前半ぐらいまでつづきました。しかし二年生の後半になっておきました。ある日の夜中私はもう寝ていましたが下からどなりごえや物音などはげしい音がしたので目がさめたのです。よく耳をすませると母と父のケンカだったのです。そのケンカは毎ばんのようにつづきました。私は一度しったケンカのこわさがあたまにあるので、毎ばん夜になるのがいやでいやで夜ねむれない状態になっていました。そして毎ばんのように泣いていました。

母はその毎日にたえられなかったからか分からないけど、母は実家にもどりひきこもり状態になってしまったのです。3ヶ月くらい私と姉と父で生活しました。毎日母のことで頭いっぱいでした。

そんな悩む日が多い中、父は私に「○○中に転校してバレーばせんや？　Xにはもう住めんけん」といってきたのです。わたしはすぐさま「無理!!」と声（ママ）えたら父は逆ギレしてどうしても転校させようとしました。私は友達とはなれたくなかったし、バレーだって△△中でしたいという気持ちでいっぱいでした。毎日が本当つらかったです。でも私は姉がいたからこそ頑張れました。父は何度も母の実家に母に帰ってきてほしいから話をしにいったり、しんせきに間に入ってもらって話し合いもたくさんしていました。その気持ちが母の気持ちを少しでも動かせたのか、母は3か月半ぶりぐらいに家に帰ってきて、また4人での生活が出来るようになりました。もちろん転校する話もなくなりました。私と姉は優しさでいっぱいの毎日でした。

でも、またそのような生活は長くは続きませんでした。

母の実家にはいとこも住んでいるから、私は夏休みに入って夏休みはずっと母の実家にいました。その時は学校がはじまる前の日には家に帰るつもりでした。が、何日かすぎると母は大きなにもつを持って実家に来たので私はビックリして「何があったと？」て聞くと母は「もう家には帰れん…」といって実家に戻ってきました。私と祖父・祖母はずっと母の話を聞くと、父がもう借金しすぎて、やみ金までもいく状態になって母はつらい毎日がもうたえられなかったそうです。

私のいかりはもうげんかいで何んでか分からないけど私もいままでのがまんやいかりもあって家に帰りたくなかったので、ずっと母の実家にいました。姉とはなれてくらすのは最初とてもつらかったです。なぜ親の問題なのに私や姉がこんな思いをしなくちゃいけないの…という気持ちは、今もずっとあります。私は父がとてもにくいです。

私は前の家庭に元（ママ）れる事をねがうばかりです。

資料❸　2011年作品

「俺が嫌いだった父」

俊一（仮名）

僕は父が嫌いでした。今も好きではしょうじきないけど、ぼくはそんな中でつきひがたち、僕の気持ちも変わりました。ある日をさかいにして。

ぼくは今、五人家族です。昔は父さんがいて六人家族でした。でも、父と母は僕が中学二年生のとき離婚しました。だけど僕は父と母と兄弟の前では、いくら兄弟が泣いても俺は、泣きそうなくらい悲しかったけど、いかりの方が大きく僕はあまり泣きませんでした。僕が子どものころはあまり仲は悪くなかったけど、小学校に入ってからしばらくしたころから、よくケンカをし、ぼくは兄弟をつれてよく違う部屋に行って「大丈夫、大丈夫だから泣くな」とよくいってきた思い出があります。正直もう僕はなれていたのでしょうか、もう涙よりムカツキが大きかったのでしょうか。父は酒を飲んではあばれ、母をけったりし、僕はただ怖くて、怖くて、ただ、その姿を泣くのをこらえて見ていただけでした。

そしてそんなこんなで一年たち、ぼくは子どものころから父に自分が、がんばっている姿、自分の成長、そんなものを僕は父に見られていたのでしょうか。ぼくが運動会のとき、みんなおとうさん、兄弟、そして母さんと来ているのを、よく覚えています。俺は母さんとおばちゃん兄弟で来ていたのを覚えています。ぼくは、運動会や、卒業式、入学式にみんなのお父さんが来ているのを見て、何度うらやましくおもったか。そんな自分の弱さをけっしてみんなに見られたくなかった。父さんは俺のがんばってる姿を母といっしょに俺の成長した姿を二人で見守ってくれたことがあっただろうか。一回でもいいから、そんな自分を二人で笑顔で見守ってほしいと思ってた。しかし、俺はもうおこって、母さんに一回授業さんかんにこんでいいと言いました。そしたら「なんで」っていわれて「べつ（に）親なんてこないでいいから」と俺は行（ママ）った。母はとてもおこった。だけど俺はそれ以上におこっていた。そして、俺は、それまでもう泣き虫だったけど、強い人間になる。そう思っていました。だから「ぜったい泣かん」と心にちかい、ぼくはそれを自分で決め生きてきました。まあ、僕は、父さんや母さんに最初本気でイライラして「ぶっころす」とか「消えろ」とかもう二人ともきらいでした。

そして僕はたまに父さんと会う日や、父さんからの電話をすべて無視したまま今年の夏まで一年ずっとつづけてきました。でも夏なんでかそんなに会いたくない、父さんになぜか急にとても一目だけでいいから父さんの姿を見たくなりました。なぜでしょう。今でも分かりません。

そして勝手に塾を抜け出し今年の夏、一人、自転車でこいで父の家に行きました。そしたらばあちゃんたちもいて、とてもおどろいた様子でいました。ばあちゃんは一年ぶりの僕を見て泣きました。でも僕は、泣きたいくらいだったけど俺は泣きませんでした。自分の決めたことだからそれを守りたかったんだと思います。

そして俺は父さんに会いました。一年ぶりで二人とも距離感ができたのか、二人とも、しばらく無言の空気もちょっとあったでしょうか。やっぱりきまずかったです。でもその壁を父さんはぶちこわし、俺に「元気にしてたか」そう言われました。「してる」そう僕は言いました。「母さんも、兄弟も元気にしとるか」といわれ「みんな元気にしてる」そういいました。俺は最初「今さら、父親みたいなこと言われても俺は許さない」そう思いました。そしてまあ、いろいろ話しました。「離婚してからのおたがいの生活」、「離婚してから兄弟の成長」そんな時間僕はとても心に残っています。そして一日その日は父さんの家に泊まりました。そして、次の日、「なんかほしいもの買ってやろうか」みたいなことを言われました。そして、俺は、たくさんめっちゃあったけど、「いや、ないからいい」といいました。

そしてもう夕方になり、俺は、帰ることになりました。

すると父は、「すまん、俊一、またこいよ」そう言われました。俺はそのしゅんかんすぐに涙があふれ出てきて、泣いてしまいました。泣かないと決めたのに。俺は泣いたけど「また来る」と言いました。俺はあれほど泣きながら一人帰ったことは今までありません。俺はものとかじゃなくて、父のあやまりが一言でもいいから聞きたくて、自分でも分からなかったけど自分の意志で父さんに会いに行ったんだと思いました。

俺は帰って兄弟に話した。あれほどうれしそうに兄弟に父さんの話をはなしたことがない。今は好きではないが俺は父さんを許した。

俺は父親は、息子のはれぶたいを「がんばれ」とか言うんじゃなく、がんばっている息子の姿を優しく見守るのが父だと思います。俺はそんな父親になりたいと思います。そう思えたのもいろんなことがあったからだと思います。

そんなことを感じさせられた中学三年生の長い夏休みでした。

資料④ 2016年作品

「父から教わった一つのこと」

彩子（仮名）

私が向き合う人は、今は離婚し別々で暮らしている父のことを話す。

私はあまり、父と暮らしていたことへの記憶がほとんどない。私がまだ3歳の時に、父と母が離婚、その後に母の出身の場、◇◇に来たからだ。

私の母と姉から聞いた父のことを紹介する。父は全く仕事をせず、父の母に食べさせてもらったり、金をもらったりしていた。そのくせに私の姉（当時3～4歳）にお菓子も買ってもやらず、自分のお菓子を取ると怒鳴っていた。夜は遊びに出て、時には朝まで帰って来なかったこともあった。

私の母は働いていたが、お金が少なく困っていた。なので、おじ（母の母の弟）に5万円を借りていた。だが父は、そのお金を母に内緒で取って、母がそれを知り「返して！」と言って取ったら父は、「あー、俺の金が取られた」と言ったそうだ。返って来たときのお金は2万、3万ほどになっていたそうだ。

父はよく、別の女を家に連れ込んでいたそうだ。その時に、姉が見ていて、仕事から帰った母に「今日、家に知らない女の人が来たんだよ」と言った。今まで信じられないと思っていた母だったが、これは有りえないと思い、あきれていた。そして、言い合いになり、ついに離婚することになった。その時、姉は7歳で、私は3歳だった。◇◇に当時来た時は、お金も家もなく、多々（ママ）安いラブホテルで泊まっていた。

私はそのことを聞き、なんて最低で最悪な人なんだ、こんな人が父だと思うと嫌になる。


だが、私はそんな父の子どもなのだから、それも父の個性だと思ったらだんだんと許せてきている。

そして、自分は父のようにならないよう、ちゃんとした仕事をして、母に毎週一万は入れようと思っている。姉もそうしているからだ。

今は、母と姉が職についていて、姉は母に給料をもらうと一万は入れている。だから私も、職についたら少しでも母の役に立って、母の苦労を無くしたいと思う。そして、わたしは二度とこんな父のような人には出会いたくない、なりたくない。

おわりに

学校で働いていたときは気を張っていたと思う。時間に追われて余裕を失《な》くしたり、考えることを止めたりしないように気をつけなければならなかった。けれども授業をしているときはおもしろかった。子どもとのやり取りは興味深く、教室でようすをながめているだけでも楽しかった。おかげで働き続けることができたと思う。

出かけた先で手に入れたプリントや資料はファイルケースに入れていたが、それは私にとって宝の山だった。そこには、故・中島通子さんからいただいた資料やあちこちで展開されているジェンダー平等教育にかんする資料が入っていた。ほかの資料が必要になったときは、労働法規や現状に詳しい組合の仲間に助けてもらった。本書で取り上げた実践はこのように、多くの方の研究や実践の積み重ね、多くの仲間のおかげで進めることができたものである。「ジェンダー・フリー」教育へのバッシングや「教育改革」に流されないように努めることができたのも、そのおかげだと思う。

大学院では木村涼子先生、北山夕華先生、高田一宏先生方より根気よくご指導いただいた。一から教えなければならず、さぞかし骨の折れる学生だったことだろう。三上純さん、近藤凛太朗さんとは、研究室で多くの時間を一緒に過ごした。パソコンなどの機器の使い方からご自身の研究についてのお話までたくさんのことを教えていただいた。私と同じように教員経験のある佐藤智美さん、松本理沙さんには、研究室でよく話を聴いていただいた。師匠である木村先生をはじめたくさんの方々から学んだことは、いつも私の活動を支えてくれている。

本書は、引用を快諾してくださったみなさん、インタビューに応じていただいたみなさん、教員の私が何か間違ったときも温かく見守り多くの示唆をくれた、出会ってきたたくさんの子どもたちのおかげで出来上がった。また、娘たちのおかげでもある。生まれたての小さな顔を見ながら、この子が大きくなったとき少しでも生きやすい社会になるように、できることはしようと心に決めた。母たちのおかげでもある。大変なこともたくさんあったはずの人生を生きて、私に見せてくれた母たちに感謝している。学習や作業が進むよう協力してくれたパートナーにも感謝している。縁をつないでくださった多賀太先生、本書の編集を引き受け伴走していただいた杉村和美さん、多くのみなさんにたいへんお世話になりました。心より感謝しています。

２０２４年４月

久木田　絹代

《初出》

第１章　「アンペイドワークとペイドワークについての子どもの認識―身近な人・親の暮らしを綴る教育実践から」『大阪大学教育学年報』第27号、２０２２年

第２章　「『母の仕事』を取材して綴る教育実践の可能性」『大阪大学教育学年報』第28号、２０２３年

第３章と第４章　「ドメスティック・バイオレンス（ＤＶ）についての中学生の認識とエンパワメント―暮らしを綴る教育実践の可能性」『教育学研究』第89巻　第４号、２０２２年

以上、書籍化にあたり、加筆修正・改稿した。

序章と第５章は書き下ろし。

学年別分析」『学校教育学研究論集』第9号, 27-38頁.
木村育恵　2009「教師文化におけるジェンダー」直井道子／村松泰子編『学校教育の中のジェンダー』日本評論社, 126-141頁.
木村涼子　1999『学校文化とジェンダー』勁草書房
久木田絹代　2022「アンペイドワークとペイドワークについての子どもの認識」『大阪大学教育学年報』第27号, 27-39頁.
国分一太郎　1977「生活綴方と集団主義」鈴木祥蔵／横田三郎／海老原治善編『部落解放をめざす集団主義教育』明治図書, 53-69頁.
小山静子　1991『良妻賢母という規範』勁草書房
小山静子　1999『家庭の生成と女性の国民化』勁草書房
誉田貴子／友田尋子／坂なつ子／玉上麻美　2001「DV（ドメスティック・バイオレンス）被害の実態と子どもへの影響に関する調査研究―DV被害者とその子どもへの暴力内容と心身への影響」『大阪市立大学看護短期大学部紀要』第3巻, 27-35頁.
笹原恵　2003「男の子はいつも優先されている？―学校の『かくれたカリキュラム』」天野正子／木村涼子編『ジェンダーで学ぶ教育』世界思想社, 84-101頁.
全国人権教育研究協議会　2023『第74回全国人権・同和教育研究大会報告・資料集』
竹中恵美子　2004『竹中恵美子が語る「労働とジェンダー」』ドメス出版
竹中恵美子　2011『竹中恵美子著作集第Ⅵ巻 家事労働（アンペイドワーク）論』明石書店
田中俊弥　2008「現代生活綴方の意義と方法論―国分一太郎の仕事に着目して」解放教育研究所『解放教育』490号, 7-13頁.
友田尋子　2014「DVの家庭環境で育つ子どもの問題」『保健の科学』第56巻, 第1号, 27-30頁.
中野陸夫　2000「教育課題としての進路保障」中野陸夫／池田寛／中尾健次／森実共著『同和教育への招待』解放出版社, 186-197頁.
西尾実　1975『書くこと・綴ることの探求』教育出版
日本DV防止・情報センター　2005『新版ドメスティック・バイオレンスへの視点』朱鷺書房
日景弥生／早川和江　2001「小学校国語教科書における隠れたカリキュラム」『弘前大学教育学部紀要』第85号, 155-160頁.
本間友巳　2020「スクールカウンセリングと児童虐待」川島ゆか編『臨床心理学』第20巻, 第5号, 545-548頁.
三村保子／力武由美　2008「ドメスティック・バイオレンス（DV）のある家庭に育った子どもの援助に関する一考察」西南女学院大学編『西南女学院大学紀要』第12巻, 141-148頁.
村上典子　1989「『女の育児時間』の場合」男も女も育児時間を！連絡会編『男と女で「半分こ」イズム』学陽書房, 41-47頁.
森実　2002『同和教育実践がひらく人権教育』解放出版社
ゆのまえ知子　2001「日本における先駆的反DV運動―公営『駆け込み寺』要求運動と『夫の暴力』の可視化」戒能民江編著『ドメスティック・バイオレンス防止法』尚学社, 162-186頁.
李璟媛／谷口晴香　2021「児童虐待防止教育に関する中学校教員の意識と現状」『岡山大学大学院教育学研究科研究収録』177巻, 85-93頁.
渡部孝子　2015「小学校外国語活動の教材に見られるジェンダー描写」『群馬大学教科教育学研究』〔15〕, 19-27頁.

参考文献一覧

Bancroft, Lundy. 2004 WHEN DAD HURTS MOM　ランディ・バンクロフト　白川美也子／山崎知克監訳　阿部尚美／白倉三紀子訳　2006『DV・虐待にさらされた子どものトラウマを癒す』明石書店

Freire, Paulo. 1970 PEDAGOGIA DO OPRIMIDO　パウロ・フレイレ　小沢有作／楠原彰／柿沼秀雄／伊藤周訳　1979『被抑圧者の教育学』亜紀書房

Herman, Lewis Judith. 1992 Trauma and Recovery　ジュディス・L・ハーマン　中井久夫訳　1999『心的外傷と回復』みすず書房

hooks, bell. 1994 Teaching to Transgress: Education as the Practice of Freedom　ベル・フックス　里美実／朴和美／堀田碧／吉原令子訳　2006『とびこえよ、その囲いを—自由の実践としてのフェミニズム教育』新水社

Moser, Caroline O. N. 1996 GENDER PLANNING AND DEVELOPMENT　キャロライン・モーザ　久保田賢一／久保田真弓訳　1996『ジェンダー・開発・NGO』新評論

伊田久美子　2015「女性学・女性問題における貧困・階層問題—フェミニズムと労働をめぐって」『大原社会問題研究所雑誌』680号, 21-32頁.

伊藤雅子　1993『女性問題学習の視点』未来社

入江直子　2004「フェミニズム教育学」赤尾勝己編『生涯学習理論を学ぶ人のために』世界思想社, 33-58頁.

上田智子　2003「『ジェンダー・フリー』をいかに学ぶか？—相互行為としての授業」天野正子／木村涼子編『ジェンダーで学ぶ教育』世界思想社, 170-187頁.

宇治和子　2013「DV被害を抱えた母親における子どもの存在」日本子ども社会学会編『子ども社会研究』19号, 105-118頁.

上床弥生　2011「中学校における生徒文化とジェンダー秩序—『ジェンダー・コード』に着目して」『教育社会学研究』第89集, 27-48頁.

大沢真理　1993『企業中心社会を超えて』時事通信社

大沢真理　2011「経験知からの学の射程の広がり」大沢真理編『承認と包摂へ—労働と生活の保障』岩波書店, 1-18頁.

奥山えみ子　1993『対話 女子教育もんだい入門—自立を育てるために』労働教育センター

戒能民江　2002『ドメスティック・バイオレンス』不磨書房

戒能民江　2005「DV法制定から改正へ—その意義と課題」国際女性の地位協会『国際女性』第19巻, 76-84頁.

勝木洋子／足立まな／北野聡子／杉本智美／寺田奈央／福山香織／藤村公代　2020「教科の中の隠れたカリキュラム：ジェンダー平等の視点から見た道徳教科書の分析」『教職課程・実習支援センター研究年報』(3), 23-34頁.

加藤左紀子／片桐妙子／近藤八津子　2019「DV被害からの回復支援を考える—言語的アプローチと身体的アプローチ」日本フェミニストカウンセリング学会『フェミニストカウンセリング研究』第16巻, 129-133頁.

加藤尚子　2019「虐待から子どもを守る—教師が必ず知っておきたいこと」『季刊教育法』第202号, 8-15頁.

亀田温子　2000「ジェンダーが教育に問いかけたこと」亀田温子／舘かおる編著『学校をジェンダー・フリーに』明石書店, 21-40頁.

木村育恵　2004「教師—児童間の相互作用によるジェンダー形成—児童調査の性別・

著者プロフィール

久木田 絹代（くきた・きぬよ）

1957年鳥取県生まれ。
1980年より公立小・中学校で勤務。2018年3月退職。
2022年3月大阪大学大学院人間科学研究科修士課程修了。
現在、デートDV防止教育ファシリテーターなどの活動を行う。

中学生が綴る労働とDV
語る・聴く・交流が生み出すエンパワーメント

2024年6月10日　　第1版第1刷発行

著　　者　久木田 絹代　©2024年
発 行 人　南 千佳子
発 行 所　株式会社 労働教育センター
　　　　　〒101-0051
　　　　　東京都千代田区神田神保町2-2-34 千代田三信ビル5F
　　　　　電話 03-3288-3322
デザイン　株式会社 エムツーカンパニー
カバー画　阿部 愛恵
編　　集　杉村 和美

ISBN978-4-8450-0960-2
Printed in Japan
乱丁・落丁本はお取り替えいたします。
購入書店名を明記の上、労働教育センターまでお送りください。